陕西出版资金资助项目

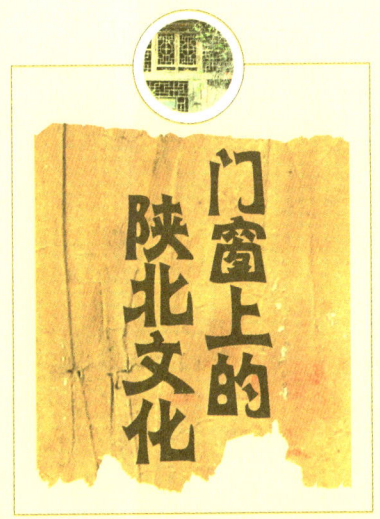

杨雨佳◎著

MENCHUANG SHANG DE
SHANBEI WENHUA

陕西师范大学出版总社有限公司

图书代号　SK16N1077

图书在版编目（CIP）数据

门窗上的陕北文化/杨雨佳著．—西安：陕西师范大学出版总社有限公司，2016.9
ISBN 978-7-5613-8627-9

Ⅰ．①门… Ⅱ．①杨… Ⅲ．①民居—门—建筑文化—陕西 ②民居—窗—建筑文化—陕西 Ⅳ．① K928.71

中国版本图书馆 CIP 数据核字（2016）第 220031 号

门窗上的陕北文化

杨雨佳　著

责任编辑	杨　杰	
责任校对	王文翠	
封面设计	尚书堂	
版式设计	前　程	
出版发行	陕西师范大学出版总社有限公司	
	（西安市长安南路 199 号　邮编 710062）	
网　　址	http://www.snupg.com	
印　　刷	西安创维印务有限公司	
开　　本	700mm×1020mm　1/16	
印　　张	15.25	
字　　数	170 千	
版　　次	2016 年 9 月第 1 版	
印　　次	2016 年 9 月第 1 次印刷	
书　　号	ISBN 978-7-5613-8627-9	
定　　价	45.00 元	

读者购书、书店添货或发现印刷装订问题，影响阅读，请与营销部联系、调换。
电话：（029）85307864　　传真：（029）85303879

前言

窑洞门窗，不仅仅是陕北的眉眼与胸怀

陕北的黄土地千沟万壑，一道道山梁如大树的枝丫一般伸展开来，延绵不绝，无论在夏季还是冬季，都是一片苍茫的景象，看不到山的尽头，望不完沟的角落。陕北地区人烟稀少，大多数村落位于小河畔、半山腰、沟谷深处，有时仅仅是三两家，有时数村相连，掩映在稀稀疏疏的毛头旱柳丛中。只有到了冬季，漫下一场厚雪，登山顶，极目四望，才可以看清散落的窑洞，才能清晰地辨别出每一孔窑洞门窗的眉眼。在早晨阳光的照射下，这景象显得分外清新和温暖。日间，靠近小院，青灰的砂

门窗上的陕北文化

冬日的陕北窑洞

石窑洞，灰扑扑的窗格子，补了补丁又破开了洞的麻纸，晒得褪色的窗花，晾得巴干巴干的面花，破了的布艺门帘，都毫无遮拦地显现在我们眼前，一幅定格了的陕北人的生存世界便进入了我们的脑中。夜间，灯火初上，远远看去整个村落里的门窗透出的油灯光亮连成一条昏暗的长龙，若隐若现，窗格格上偶尔闪现出揣着剪刀在灯下端详剪纸的婆姨的身影，昭示她们才是陕北生活大剧的主角。窗格子的结构和图案在夜幕的映衬下变得愈加明了和规矩，如同陕北人的生活秩序。

　　门窗是陕北大地上人工刻画出来的一道景致，它们掩映在柳树下，卧在沟底里，趴在山根上，或者隔着一道道山梁，镶嵌在茫茫大山腰间。陕北窑洞门窗就是陕北的眉眼，唯有它才能锁住游离于山间的目光，捕捉目光之后的情怀，收获依附在情怀上的幸福。看到门窗，陕北人便知道到家了；守着门窗，陕北人便知道自己拥有着一个世界，是可以托付生命和灵魂的世界。

窑洞门窗,不仅仅是陕北的眉眼与胸怀

前言

陕北人的精神家园

陕北人的生活

3

陕北秧歌

  人与万事万物一样，是宇宙中的一种存在。作为宇宙的一部分，个体人生则更为卑微，仅作为暂时的存在。对于人来说，"活着"是生命的必然，既然活着，就要吃穿住行，就要坚定不移地从事劳务活动。然而，人非草木，他"活着"的过程，是从无知到有知的过程，是经验积累并不断对生命存在进行反思的过程。因而，人们不得不再次寻找活着的意义，寻找到底应该如何理解人生、怎样度过人生、怎样对待生命的终结。

  智者一直在寻找答案，他们发现人类是"永远的苦行僧"，一代代繁衍，重复生命模式，不断将"巨石推上山"，就像人终究会死去一样没有意义。这是何等的痛苦！生理上的困惑易以通过生理的满足予以解决，生命精神上的困惑却愈加叫人困惑。

  人如同草木一样都会死去，这是人类的宿命和悲剧，但是人又是不同的，因为他知道自己会死去。他有思想、会思考，有精神自主性，并能支配自己的行为，这就构成他与其他动物的最大区别，也构成了人的伟大之处。人的肉身生活和社会生活大抵没有本质上的区别，有区别的是他的灵魂生活。灵魂是人精神生活的真正所在地，心灵的安宁和心中的信守有时比生理欲念更具支配力量。陕北人为自己创造出门窗装置，将宇宙天地、万物奥妙化成窗棂的格局，又在此格局上开辟出一个更大的虚幻空间，将个体的情感世界投放进去，映射自己的生命。

人是伟大的，知道人生的悲剧性，而这个精神的疑惑又时刻将人拉入痛苦之中。现实生活中，人们总是通过各种方式来拯救自我，但是不管以什么方式，都不能满足和平息他们对永恒生命的渴望。更多时候人类会被卷入历史的漩涡之中，任何个体都很难幸免于难，但每一生命个体，从历史的悲剧性中所获得的存在意义是不同的。只能自己去体会，如人饮水，冷暖自知。人们懂得，只要活着就注定要生活在威胁与危险之中，在努力要满足欲望时遭受着缺乏与被剥夺之苦；当欲望被暂时平息之后，又遭受无聊之苦。而这种人生的"痛苦"和"荒谬"状态是永恒的，不能去除的，解救的方法只有忘却。

人类在自我救赎时，发现了"酒神"——艺术。艺术作为解救人类的稻草，把人类对生存的恐怖和人生的荒谬转变为人借以活下去的理由。真实的世界是残酷的、无意义的和荒谬的。所以，我们需要"谎言"，以到达现实和真理之上。艺术的谎言不是自我欺骗，而是对生活的美化。因此，在艺术家看来世界是美好的、可生活的。通过艺术，人类重构了自己的"世界"，并在其中活出自己的精彩。艺术成为世界和他们自身生活的映射，成为他们认知世界和自身的"载体"，成为某种精神性物品的外在覆盖物，使那些不可见的事物变得可见。因此，艺术成为人类正视自身存在和救赎人类灵魂的最佳通道和事物。

陕北人的生活十分艰辛，贫困、饥饿、劳苦时刻伴随，似乎没有尽头。

陕北人家

许多时候他们经历的苦难让他们失去了活下去的勇气，而能够让他们充满希望且饶有兴趣活下去的就是他们为自己创造的"酒神"。门窗的格子图案、窗花、面花燕燕以及与之有关的门帘、炕头狮等，就是陕北人的艺术，是慰藉、安抚灵魂和内心世界的道具。通过艺术创造，门窗成了宇宙的化身。其天圆地方的构造象征着宇宙的形态，成为人与神生存空间的界隔，割据出一个不容神秘力量侵犯的人居空间，从而建立起一个崇敬鬼神而向鬼神宣示敬意的符图界面，构筑出一个救赎灵魂和表达情感的世界。这种创造让陕北人体验到肉体生命的伟大和对有限的突破的快感，感受到自己融入崇高之中，进入永恒的世界。

第一章 窑洞门窗——黄土地的眸子   001

    窑洞与门窗——陕北人的皈依之所   002

    性情造就存在——粗犷风格的显现   012

    门窗的演变——窗棂的昨日与今朝   017

    门窗的多样脸谱——区域经济与文化的晴雨表   022

第二章 纵横的文明——窗格的内涵   029

    方圆中的世俗理论   030

    窗格几何图案里的生命观   039

    文字与花卉造型——美好祈愿的传递   065

第三章 窗花上的农耕文明   075

    故事展演的舞台   083

    农耕劳作里的三部曲——耕种、收获与庆收   089

    婆婆的异度世界   092

    窗花中的生殖信仰   096

第四章　窗格上的幸福生活　　101
　　剪纸婆姨的地盘　　105
　　年的味道　　108
　　新婚夜，听门时　　115
　　"脑龁"上的燕子窝　　120
　　麻雀的快乐节奏　　124
　　又是丰收年——窗台上的玉米、辣椒和南瓜　　128

第五章　门窗制作中的匠与艺　　139
　　匠人的神圣使命　　140
　　对技艺的坚守与突破　　145
　　刻出乾坤，道出寅卯　　162

第六章　门窗是陕北民俗艺术的母体　　167
　　一针一线总关情——门帘图案及寓意　　168
　　一字一语寄深情——对联中的期盼　　174
　　娃娃的守护神——炕头狮子　　178
　　串起来的面花燕燕　　182
　　大红灯笼高高挂　　190
　　特色独具的晾晒场　　194

第七章　艺术作品中的陕北门窗造型　　201

第八章　窑洞门窗的保护与传承　　213

后　记　印象陕北——黄土地里的生活　　225

参考文献　　233

第一章

窑洞门窗——黄土地的眸子

陕北的黄土沟里坐落着大大小小的窑洞院落,每个院落靠山梁的一面都开挖出或一两个或三五个窑洞。这些窑洞是内敛的,它将一切都隐匿在黄土山体中,只留下一架门窗露在外面,就像山的眼睛,注视着它眼前的一切。它又像装在衣服里的人,只露出一张脸,展示出它自己的一切。门窗让我们看到窑洞沧桑的变迁历史、倔强的性格、朴素的容颜、非凡的经历以及与主人的亲密关系。

窑洞与门窗——陕北人的皈依之所

宏观地看,陕北大致北接河套(今内蒙古鄂尔多斯地区),东临黄河,南为延安地带,西靠银川地区,地域辽阔,地貌丰富。其地东南多山,西北广漠。宋上官融《友会谈丛》卷下提到麟州(今陕西神木):"黄茆土山,高下相属,极目四顾,无十步平坦。"《靖边县志稿》记载其地"多山少川……有原、有涧、有滩",治所"东多原","山不起峰",南"山路崎岖最险",西"得平川二十里",北"蒙地多平沙"。可见其地貌之多样。陕北地处黄土高原,大部分地区在早期就呈现出黄土丘陵沟壑风貌。从陕北地名用词便能知晓陕北旧日的地理地貌区域差别,如南边有堡、寨、沟、坡、梁、洼、峁、畔、砭、河、坪、湾、川、渠、岔、铺、圪堵、圪崂、圪塔,北边有滩、海子、场、窝子、河子等。这些词无不是形容陕北黄土高原沟连沟,山连山,有河有川,形态万千的风貌。

陕北的地理状况和地理区位造就了陕北和陕北人的命运。在中华民族的历史演变过程中,陕北地区承担了较为沉重的角色。陕北地处西北,气候寒烈,雨少荒寒,土地贫瘠,不易植种,是非典型的农耕社会。人们少经商而多务农,处于以农为主、以牧为辅的经济状态下。绥德、米脂地区务农较多，而神木、府谷地近内蒙古，牧羊、牧马较多。产粮以谷物和杂豆为主，北面无稻，果属以枣为多。然由于地理条件和气候缘故，陕北物产极为有限，偶遇风调雨顺，人们的生活也十分艰辛。陕北地区灾害也十分普遍，灾年常有，各县志中记载的天灾多如牛毛，大疫、灾荒、蝗灾、地震、冰雹、豺狼噬人等字眼层出不穷。仅《横山县志》中记载发生在光绪年间的灾害就有数次："三年，怀远自春徂夏旱，无滴雨，赤野千里，斗米银二两，饥民僵毙者甚众。""四年，春大疫，山中野狼成群噬人，商旅裹足。""六年五月十二日，地震有声。""十三年七月初的大雨连绵……无定河上游五十余里弥漫汪洋，逆流数月。""十五年夏四月，大风暴烈，飞沙卷石，县境人畜被吹，数日不见村庄，房舍多遭损害。"……足见历史上陕北之困顿，人民生活境况之悲惨。此种情况直至民国依然未有改观，人民动辄要逃荒，食草、啃树皮，甚至食观音土和食人事件也时有发生。这些状况在近代史料中更是有大量记载，经历过这些灾难还活着的老人成为陕北苦难历史的见证。陕北本来就生产力低下，物产欠缺，又加上灾难、战乱骚扰，官僚盘剥，人们的生活一直处于十分低下的水平，生产仅能维持生计，生活动荡而难以稳定，数百年物质性财富亦无丝毫累积，从而造成陕北社会整体的落后。

中国人一旦发迹，必光耀门楣，不惜血本修宅建院，如晋商、徽商，所以在中国看一个地区的富庶程度，只要看当地的建筑即可。陕北建筑之凋零，院落之破败也切实反映出陕北地区历史发展过程中的经济状况。专家学者谈论窑洞院落的复杂和奢华时，少有以陕北为例的。陕北窑洞庄园有常氏庄园、姜氏庄园、马氏庄园等。然与晋地大院相比，这些庄园无论是规模、结构、组合、用料、工期、造价，还是装饰、雕刻、工艺等方面都相差千里，更无法与徽商大宅相比。而诸如姜氏庄园般的宅院在陕北地区也是凤毛麟角，少之又少。这种情况并非是战争破坏所致，而是本就如此。由此可见陕北社会之贫弱，财富积累之匮乏。

原始的农业劳作方式

　　由于地理环境和历史发展的关系，陕北窑洞一直是陕北人民居住的主要形式。《横山县志》载："县境山岳纵横，乡间民村均倚壁穴土成窑，类卑小湫隘，但冬温夏凉，居住适宜，故农家多乐构治，冬季多雪，冷冻异常，家必备炭煨烘，居以火炕，稍裕之户不过砌石饰造藉（借）助雅观，院墙喜宽敞，甚至一宅占地十亩以上。地宅，平原者，凿石作砖，营治大窑，有石窑、砖窑之别，而居房屋者较少，只求足蔽风雨，无雕梁画栋之饰。"实际上，陕北的穴居历史很早，并且一直延续下来，土窑洞在陕北自古至今都比其他建筑形式更为常见，山梁上、沟底下、平川中，处处可见，或掩映或突兀，或错落有致布于山坡或散落于河畔。

　　陕北土窑洞居住形式的兴盛是多方面促成的。由于地形、土质、水源、耕地、交通等条件所限，陕北的窑洞布局和村落形态与他者不同。土窑依山而建，依据地形，朝向、宽高、深浅、内空间布局各有差异，大窑跨度有4米，高4米，深10多米者，也有更大者，小窑则刚可直腰行走。又因土质缘故，窑距不一，单孔窑十分多见，窑间内部可挖有通道，一

第一章 窑洞门窗——黄土地的眸子

陕北早期窑洞

般矮小狭窄，以免损窑体。村落布局难有规则，多依地理条件自由伸展，有一两家成组的，也有数十家簇拥在一起的，高低参差、疏密不等。村庄一般也自成体系，生产生活自给自足，不依赖于他村，村落之间并不必然有所联系，往往仅连有羊肠小道。深山沟壑之中，常有小村与世隔绝，大有"世外桃源"之感。土窑洞深藏山中，掩映于山梁、树影之间，驻足村后，往往能闻鸡犬之声，见袅袅炊烟，然难觅村落踪迹。可见，陕北的土窑洞和村落具有一定的隐秘性，加之地貌缘故，可通行不便，形成了"割据"之态。

陕北的窑居形式可以说是陕北人对自然环境的选择。陕北的气候、地理形态、建筑材料、社会状况等因素促使窑洞在陕北的出现、发展和成熟。陕北人对窑洞这一特殊居住形式的选择完全是自发的。数百年来，

隐秘的窑洞

在与自然的相处过程中,窑洞在最初穴居的基本功能上不断演化,最终拓展为具有聚集居住、文化活动、精神寄托等综合性功能,成为陕北人的皈依之所。窑洞是穴居的高级形态,与穴居有一定的传承关系。穴居是陕北人保证生存而适应自然环境的产物,是最具合理性的选择。自然环境包括天然的地形、地貌、气候、自然资源等,这些因素既为建筑的产生提供条件,又对建筑的营造形成制约。西北黄土高原土层厚实,地形千沟万壑,树木稀少。在这种自然条件下建造适宜的居住处所,没有太多的选择。树木稀少,使得人们无法建造木构居所,简单的石砌居所又无法保证冬季御寒。出于生存的需要,加之有先民穴居的范例,人们自然而然地利用自然环境所提供的便利,在厚实的黄土层山体上开挖窑洞。在传承穴居经验的基础上，人们综合考虑当地日照、通风、采光等自然因素，选择适当的地域和崖体开挖窑洞。依赖和利用这种天然资源，摸索出了一种最适合当地的建筑模式，产生了最实用、最便利的居住形式。这是先民经过了无数次的实践和细致的观察、总结，才找到的适宜的建造方式。

窑洞的出现是人们对自然环境的最恰当的利用，是人们趋利避害的结果。窑洞的产生具有必然性，它在陕北生存了数百年后，得到了相当程度的完善。窑洞的建造方法、尺度、内部格局等都形成模式，成为一种经验和技术得以传承。同时窑洞形制与当地农耕文化不断结合，形成了丰富的窑洞文化，使得窑洞成为居民生活方式和生存方式的限定空间。如此，窑洞在政治上、经济上或技术上取得了优势地位，成为陕北地区的"官方"建筑。这种地位使得人们建造它的技术更加娴熟，其建筑也日益成熟稳定。当一个成熟、稳定的建筑形式出现时，就具备了更为强大的主导能力，成为地区建筑形式的典范，从而使得后代直接采用既定模式，放弃探索其他建筑形式，使得其他建筑形式不易出现。

虽然这种窑洞文化模式的形成具有一定的偶然性，但当其所规定的行为方式、社会价值以及目标取向确定之后，就整合为该区域或社会特有的文化模式，形成传统文化的基本核心，并成为接受或排斥异文化的重要基础和参照。文化模式一经产生，即使不是最好的，但只要能使生存得以继续和发展，就会形成一个具有自我稳定能力的系统。该系统通过自组织原理，从无序到有序，从低级有序到高级有序，不断使自身系统化，形成具有自我调节作用的功能性实体，成为好几代人的先天文化环境。加之陕北地区地理环境的恶劣和交通的闭塞，造成地区文化交流和引进的不便，这无疑更加巩固了窑洞居住文化在陕北地区的唯一性。这种状况正是强大的既成文化规制垄断和普及的结果。

一个院落就是一个完整的生活保障系统，每家窑洞都是这个家庭的中心，一切生活需要的资源和设施都完整地布置在窑洞的四周，水井、

设施齐全的院落

石碾子、石磨、粮仓等重要的生活必备设施应有尽有，维持正常的生活是不需要踏出自家领地的。在数百年的生活实践中，陕北地区形成了独特的居住文化，包括特殊的邻里关系、农业互助关系、世俗文化活动等，陕北人在这种居住文化里怡然自得，游刃有余。对陕北人来说，他们对窑洞的依恋是千年不衰的，窑洞和生命是一样重要的，它不是生命，却是维护和传延生命的保障，有了窑洞，便有了皈依之所。正是如此，窑洞、窑洞文化与陕北人之间形成了一个紧密的整体。

陕北的自然环境十分恶劣，风沙大、日照强、过于干燥，冬日又十分寒冷，窑洞首先给予陕北人的是肉体的安全和舒适。夏日的太阳，冬日的寒冷让人无法忍受，而窑洞却是一方独立的洞天福地：炎炎夏日，里面凉爽宜人；寒冷冬季，里面温暖如春。陕北有俗语"老婆孩子热炕头"，道出了窑洞在陕北人心中的分量。顶着烈日，劳作一整天后，拖着疲惫的身体踏上回家之路，心情却顿时轻快起来。穿过山沟，翻过山梁，远在对面山腰上的自家窑洞便出现在眼前了,心情陡然激动起来,家中的惬意便浮现在脑中了:透心凉的井水,油汪汪的臊子面,舒适的大炕……一切都让人变得急不可待,不由自主地加快了脚步,好早一点进入这个凉爽自在的空间之中。

窑洞还能为陕北人带来精神上的安全。可以说,陕北人自古就在与外界抗争,然而面对强大的自然,他们领略到的只有自己的脆弱和举步维艰。贫瘠的黄土地给不了他们太多的安慰,他们不得不依偎在自己制造的世界里,为自己塑造和探寻新的精神慰藉和生命乐趣。许多陕北人,尤其是妇女,她们更乐于一整天留守在窑洞中,在这个归属于自己的空

透过玻视窗看到的景致

间里自由地创造生活"资料",并由此通向她们的精神世界。陕北人的家是超越物质性的,精神上的安全和慰藉作用更为显著。除非不得已,否则陕北人是非常愿意整天蜷缩在这个"窝"里。窑洞背靠高山,面朝平川,窑洞的坐向塑造出陕北人特殊的心理,他们不踏出门口一步,透过门窗上的格子眼,亦能看到一个广阔的外部世界。他们不将自己放置于大庭广众之下,却依然能窥视大庭广众,这种堡垒式的感觉便是窑洞带给他们的。窑洞是安全的,山、墙阻挡了其他生命的侵入,门窗及其张贴的灵符阻挡了"异界"的侵犯。陕北人相信坚守在这一方天地里,就百无禁忌了,因而他们把自己的情感和精神都依附在其中了。在这里他们一改在外界的无助感,主动、积极地装扮这一空间,并自由地驰骋在这一空间所连通的精神领域。在这里,他们才能体验到作为人本有的主体性自由挥发和自我意志舒张的痛快。

视野开阔的窑洞布局

第一章 窑洞门窗——黄土地的眸子

陕北人总是乐此不疲地装扮窑洞,尤其重视窑洞门窗。门窗成为陕北人精神和灵魂的居所,成为陕北人最为关心的"宇宙天地"。陕北人将内心的生命关照、喜怒哀乐都寄托其中,而这种寄托就是通过艺术的形式实现的,因而门窗承载了形形色色的艺术形式,构筑出陕北人心中的图符世界。其中最具典型性和代表性的就有窗花。在门窗的发展历史上,窗花的出现、发展、成熟以及生产、展演它们的场所皆未超出门窗的立面世界。窗花从一开始单纯的使用功能演绎出愈来愈多的文化内涵,并且与陕北人的精神世界产生联系,成为精神世界的代言。对陕北人来说,花色斑斓的窗户就是自己的心情,神秘的窗花图样就是自己的内心世界。

陕北人把对生活伦理的理解塑造在窑洞空间里,把对天地宇宙的理解构建在窑洞的门窗格局上,把对神秘世界的理解依附在窗花图案上,几者共同构筑出陕北人特殊的人生观、世界观、价值观。

清幽的窑洞聚落

性情造就存在——粗犷风格的显现

　　一方水土养一方人，一方地域成一方性情，陕北人的经济处境和生活境遇塑造出其独特的习惯和习性。陕北人一直固守自给自足的小农经济，不善商贾经营，性格多木讷僵化，语速缓慢，不善言辩。又因地域偏僻，山高沟深，交通闭塞，远离政治文化中心，文化交流困难，加之边疆战地崇尚气力，不重视文化教育，故人性格多直爽强悍，不甚讲礼节，呈现出经济窘迫、生活简朴的特征。对他们来说只要食能果腹，物能致用，房可避寒就行了，故生活设施、工具营造十分粗陋，没有丝毫的精巧和美观可言。

　　陕北人自古崇敬鬼神，巫术风气较重，如果家人患病，必然请巫跳神。陕北地区寺庙林立，人们对于公益救济较为吝惜，但是遇到修葺庙宇、参与庙会等事却十分踊跃且慷慨解囊。常有偏僻小村，贫荒困苦却不惜拆房集资以供神祇。人们敬鬼神，信幻怪。疗病喜欢用巫医，祷雨则抬神入潭，常常发生致人死亡的事情，而陕北人则毫不奇怪，认为命该如此，不会怪罪于巫医。《清涧县志》载："清涧俗颇信神，境内多前朝寺庙，雕绘工巧，备极壮丽。忆当日之民，自不艰窘。今虽古庙多剥落，而祈福禳灾则依然旧习也，除佛诞、神会献供礼拜外，或祈雨禳灾率于境内神祠祷之。应，即惊传；不应，垣如此。"

　　陕北人好鬼神近于迷信，鬼神之事渗透到生活的所有细节当中，人们坚信神灵在天而治人，人之常恭则助之，不敬则害之。因而，陕北人诸事皆要与神鬼沟通，天旱祈雨、灾年禳灾、治病救人、婚嫁丧葬等日常世俗生活事件都有神鬼参与，或求，或请，或驱，或拜，因事而异。

陕北人相信鬼神在天时刻警示人间，能主公道。时有两人相争对错，必指天而誓以自清。鬼神是陕北人的精神支柱，它们或为冥冥之气或为浩然之气，游离于天地之间，或隐身或现形，俯察人间社会。人们敬畏鬼神，深信善恶报应之事，做贤良之人，平生不做亏心事，以求心怀坦荡，而一旦有所大错，必日夜忐忑，常恐遭天谴。

陕北人能安于天命，不善抗争，遇有损害，认为成事在天，命该如此，自认倒霉。这种心理状态造成陕北人的守旧、保守，缺少开拓进取的精神，不轻易尝试改变，不易接纳新事物，久之，性情愈加木讷老实，境遇愈加封闭落后。陕北人平日务农，间以养殖，经济生活自给自足，因而地区贸易需求不盛。早期陕北地区十分落后，物质匮乏，生产、生活资料仅限于食具、粮仓、牲畜，人民生活非常俭朴，甚不讲究。有人终年只穿一件衣服——羊皮袄子，不分季节，冬则紧束，夏则披挂，竟有不知贴身内衣是何物者，亦有终年不浴者；所居窑洞院落物品堆放无

凌乱的窑洞院落

序,凌乱不堪。娱乐生活非常稀少,太平年则有秧歌、说书、唱戏活动,灾年则疲于奔命,艺随之绝。陕北人故步自封情结严重,只知务农自足,不知外部世界。他们守于一方水土,不善远徙,有的妇女一生活动范围,方圆不超二十华里。

陕北土地贫瘠,人们辛勤劳动并不必然得到回报,加之灾乱频繁,人们迁徙之事常有,所以经营和财产积累意识非常淡漠。陕北少有富庶之家,粮多不食则陈,钱财多易招匪盗,因而人们大有"今朝有酒今朝醉,管它明日是何朝"的性情。他们相信天命,认为生死由命,富贵在天,因而十分豁达,即便生活潦倒,也无所懊悔。

陕北人在塑造自己的环境时,亦可以显现出陕北人的这种粗犷的性格和审美特征。陕北窑洞窗户中的木框架是粗壮的,窗格子满是疤节。陕北窑洞窗户就是陕北人生存状况和性格的真实写照。虽然陕北窑洞门窗的构造谈不上奇巧和精致,材料多为柳树、杨树等当地土生土长的"软木",制作人也是当地的民间木匠,绝无高超的技艺和艺术水准,但是陕北人对待生活是以"用"为准的,对任何事物的基本要求是以满足日常生活需要为前提的,至于外观和审美层面的内容则抱以"有这么个意思就行了"的态度。因而,窑洞门窗的用料、工艺是甚不讲究的,极少有精雕细刻,也不会出现透雕和浮雕等装饰板块。在制作时,木匠对虫蛀、缺角木料毫不在意,有时门窗完工后还留着树皮。对陕北人来说,过度的装饰只是生活的累赘,并不能带来实际的效用。精致的造型,光滑的表面会耗掉更多的材料和工时,带来的除了经济负担,恐怕还有别人的不解。窑洞门窗的物理功能是为窑洞遮挡风雨、采光避寒,精神功能是为窑洞主人提供不受"外力"侵扰的安全空间,而这两种目的的实现都与门窗精致与否没有必然的联系,对于缺衣少食的陕北人来说,无心顾及生存以外的事情,在门窗工艺上投入太多的精力和财力并不明智。人们既不会将财富转化为没有实际意义的工艺,也决不羡慕他人精致的门窗。

满是疤节的椽子

因而，陕北窑洞门窗是十分朴素和粗犷的：粗大的梁柱由几根木头拼接而成，有的大木梁上面留着明显的节疤，一些圆钺与窑口也不十分吻合，留着一条宽大的缝隙，人们便用大泥填补，亦有因窑体变形，使得门窗发生变形的情况。窑洞窗棂的造型工艺十分简单，采用最为简单易行的卯榫形式连接。窗棂单体连接可能并不牢固，但是其构成的网状整体结构却较为结实，窑洞窗棂不承受任何负载，因而这种结合方式便十分可靠。陕北窑洞门窗极少有涂饰的，几乎所有的门窗都是木头本色。随着岁月流逝和风吹雨打，门窗的木色变得愈来愈暗，一些木头发生了变形、出现了裂缝，门窗上历年张贴对联和窗花时遗留下的糨糊和纸痕也愈来愈多，使得门窗愈加陈旧。但是陕北人对此视而不见，任其自然发展，除了一年两度要换麻纸外，不会有多余的照顾。窑洞门窗的防盗

变形的窑洞门窗

功能是较弱的，一方面窗棂很容易被破坏，另一方面天窗的扇和门都是采用木轴连接的，仅一人就可将其卸下。然而，穷困的陕北人似乎不太担心家中失盗，也不会投入心血改善门窗的这一弊端，一代又一代延续祖上传下来的这种门窗模式。

陕北人对待门窗是持功利性态度的，整洁漂亮的门窗不能带来"实惠"，陕北人自不会主动拾掇。然而对待过年糊窗纸、贴对联、贴窗花的事情却是十分认真的。因为这些活动不仅是简单的装饰行为，而且是与天对话,进行祈祷和敬奉神灵的仪式,自然不敢丝毫大意。陕北人对待门窗不是持审美态度的,在制作和日常使用过程中,像对待日常生活一样,以洒脱、随性、粗犷心态对待门窗,不拘泥于门窗的工艺和样式、美观和细致,也不在意日常的维护。窑洞门窗也渐渐显示出陕北人的性情来,像一个个在黄土地上摸爬滚打的老农,木讷又沧桑。而在一些特定的节日里,陕北人则一改往日的疏懒和随性,迅速且庄重地将门窗装扮得五彩缤纷,热烈得如同陕北人埋藏在心底的一团热火,表达了其渴望幸福的迫切心境。

门窗的演变——窗棂的昨日与今朝

窗子是依附于建筑之上的,窗子的发展与建筑的发展是基本一致的。最初,窗子称为"囱"。它是人类穴居时期为了采光和通风而设计的,后又称为"牖"。我们常在古建筑书中看到的"户牖",也是指门窗的意思。牖之后又产生了更为丰富的窗子类型。早期陕北土窑洞窗户只是一个洞口,在窑洞的演化过程中,窗户在采光透气功能的基础上进一步发展,兼有了装饰作用,并且逐步融合了当地的文化,产生了越来越多的文化寓意。

陕北窑洞窗户的特别之处不只是在窗格格的装饰上,更是在窗户的开设位置上。从窑洞的正面能非常清楚地看到一个拱券形的门洞,这个门洞是窗和门的共存位置,这是窑洞窗子最特别之处。陕北窑洞窗户具体的设置大致分为两种形式:一种是门窗分设,另一种是满堂式设置。

门窗分设就是指在拱券洞口中,门与窗不挨着开设,门窗分别嵌入墙体,多是一门一窗或者一门两窗,这种形式的窗户多安装在土窑洞上,

有文化意蕴的窗户

多见于干旱少雨的定边地区。满堂式设置就是全部洞口为窗和门的一个构成体。为了防止受雨水侵蚀，窗户的安装位置在窑洞口向内50厘米处。窗户受到窑洞口和窑檐的双重保护。

  早期陕北的窑洞基本上都是土窑，是因为土窑易开挖，成本低。由于农村自给自足的生活，以及土窑洞对地形和土壤的依赖，土窑洞分布得非常分散，且大小深浅也不统一，甚至窑洞口的形状也不规整。土窑洞是落后的、原始的居住形式，随着社会、经济的发展，后又出现更高级的形式——接口窑和平地窑。明清时期，社会生产力大大发展，陕北人对居住条件要求提高，一些地方开始开采山石，对土窑洞进行改造。居民把土窑洞的洞口用山石垒砌形成接口窑。接口窑有两个好处：一是使得土窑洞洞口结实，能防雨水冲刷；二是使得土窑洞具有好的视觉效果。这时期居

第一章

窑洞门窗——黄土地的眸子

土窑

接口窑

民开始注重窑洞的装饰性。再后来,一些地方的居民经济能力大幅提高,他们开始大量开采山石在平地修建石窑。平地石窑打破了窑洞对地形、位置的限制,居民可以选择在平坦的地面上自由构筑窑洞,于是平地石窑洞雨后春笋般地出现在西北的各个角落。至此窑洞发生了巨大的变化,不再一定要依靠山崖,不再一定需要土筑。脱离环境的限制后,窑洞聚集而生,形成了比较完整的聚落。虽然平地窑是高级的窑洞,但是在陕北地区很多的土窑洞和接口窑被未被取代,实际上很多村庄都是三种窑洞共同存在的。

一般情况下,老窑洞洞口较小,除去门和窗台后,窗的部分很小了。尽管绝大多数窑洞窗户上的天窗、斜窗功能都还在,但是一些老窑洞的天窗仅仅是个样式而已,不能开合。窗户中的窗格格也极为简单,多为

平地石窑

条纹、田字格、斜交格子等；接口窑的门窗形制则较为完整和规范，门窗框架制作讲究，做工精细，窗格子的各种纹样应有尽有；而至平地窑时，门窗形制已经定型。由于平地窑都是按照当地标准的模式修建的，其洞口大小和门窗以及样式都已经固定化了，加之陕北人生活水平的提高和对文化的重视，一些地方的窑洞门窗制作出现了繁荣的景象，装饰图案纹样丰富、制作精良。但是近些年来，由于机械工具的普及和匠人作业的程式化，特别是陕北人对窑洞形制和文化的遗弃，门窗式样和图案纹样在一些地域呈现出雷同化、简单化、无意义化，变得死板、毫无生气。

老窑与新窑的门窗在色彩上也出现了变化。传统的窑洞门窗是不涂色的，门窗呈现的是材料的原色。这可能和陕北地区缺少颜料有关，或者与技术有关。老窑洞门窗都是原木，从安装以后就开始经受风吹日晒

雨淋。新门窗三年五载之后，木色就变得灰暗和沧桑，十载之后，则呈现出腐朽之色，木纹变粗、缝隙愈大。然门窗却是十分结实的，稍加维护，便再能使用数十年。陕北人不在意门窗的颜色，门窗愈久，色彩愈陈，愈与陕北的色彩匹配，愈能显出浓郁的生活情趣。然而随着陕北社会经济的发展，人们生活水平的提高，近些年来一些地区开始在新窑洞门窗上涂色。但是由于窑洞门窗没有涂色的传统，也没有关联于门窗涂色的文化，因而现有涂色的门窗色彩是不统一的，主要有浅绿色、绛红色、湖蓝色、蛋清白等。可能由于区域间的互相影响和参照，这些色彩也呈现出了区域性特征。例如延安枣园的一些窑洞门窗是湖蓝色，榆林佳县坑镇、绥德韭园乡的一些窑洞门窗是浅绿色，榆林横山石湾镇的一些窑洞门窗是蛋青色，榆林神木一些窑洞门窗是绛红色，等等。实际上，直至目前陕北涂色的窑洞门窗也只占很少的比例，一些村落可能只有三五家给窑洞门窗涂色。当询问一些制作门窗的老木匠关于门窗涂色的讲究和做法时，他们也说不出更多的内容。

门窗的多样脸谱——区域经济与文化的晴雨表

　　陕北窑洞门窗形制和图案从根本上来说是"文化性的产物"。文化需求的产生总是需要一些前提条件，在食不果腹的时代，文化是没有太大价值的，然而一旦物质上有所宽余，人们的文化需求和消费便不可阻挡地产生了，并以物质积累为基础。陕北窑洞门窗装饰是一种特殊的文化产品，是陕北人十分在意且必需的"精神"食粮。陕北人十分重视门窗的制作，多数家庭不惜花费积攒多年的积蓄来保证门窗制作达到他们的要求。从个体来看，窑洞门窗切实显示出主人的财力；从群体来看，

第一章 窑洞门窗——黄土地的眸子

窑洞门窗亦能显示出一个区域的经济状况。实际上，物质经济基础确实决定着窑洞门窗的精美程度。陕北有句老话"穿衣吃饭看家当"，陕北人会倾尽全力制作门窗，但是绝不会超出自己的现实能力。制作门窗图案虽然十分重要，但是花费不能影响到人们的基本生活水平。走入陕北地区，不同聚落的窑洞门窗存在着极为明显的差异，而这种差异基本上和这些聚落的物质状况相对应。

米脂姜氏庄园

米脂杨家沟大院

相对来说，绥德、佳县、米脂、横山、延安、子长、安塞、延川等地区大多数窑洞聚落布局有序，窑洞构造规整，门窗结构较为典型，窗户图案丰富、做工细致；而榆阳、靖边、定边、神木、府谷等区县窑洞聚落较为分散、窑洞建造形式不一致，窑洞门窗多数较为简单，特别是定边和靖边两地的窑洞多由土筑而成，门窗结构十分简单，有的仅有横竖划分成方格的脑窗，窗格子既小又无多余的装饰。窑洞门窗图案与区域经济、文化状况有密切的关系，一些较为富裕或者传统文化浓厚的聚落，窑洞门窗图案较为丰富，制作精良，特别是一些地主和富农的大院，窑洞窗户图案十分讲究。米脂的姜氏庄园、杨家沟等窑洞群最为典型。这些院落的窑洞窗户图案纹样繁多，有"寿字纹""盘肠纹""冉字纹""灯笼架"等，还有大量的"枣核""云勾""角花""雀鸟""蝙蝠"等小配饰布置在局部。每架门窗都含有多种纹样，其天窗、耳窗、座窗部位的造型由多种纹样组合而成，搭配十分巧妙，整体效果非常美观。

陕北的一些村落建造时间并不久远，由于缺乏稳定、纯正的传统文化影响，建造的窑洞门窗显得单薄且没有系统性。多数农民没有足够的财力和动力营造完整美观的窑洞门窗，只是交由民间木匠师傅自行制作。每个木匠师傅只善于或者习惯制作特定的门窗图案样式，因而自然会影响到该区域窑洞门窗的整体样式和效果，使得窑洞门窗呈现出区域性特点。如佳县坑镇地区窑洞门窗的天窗部分采用"寿字纹""亚字纹"，座窗用"盘肠纹"的极多，绝大多数天窗都是双层结构（外层为护窗）；横

佳县窑洞门窗

横山窑洞门窗

米脂窑洞门窗

山县魏家楼乡一带窑洞门窗中的上斜窗多采用"方斜"样式，夹耳窗、天窗多采用"灯笼架"样式；靖边的田字格窗户就是单一的横竖窗棂构成的；米脂窑洞门窗特别喜欢用"枪刺梅花""寿字""背弓嵌海棠""贯钱"等纹样；安塞的窗户夹耳窗喜欢用"风车锦""灯笼锦"等纹样。神木县一些靠近黄河较为封闭的村落，窑洞门窗的形式与其他地方是不同的，其结构分为三层，中间多了"腰窗"的部分，图案纹样也较为繁复，也有四扇天窗的样式。

绥德地区一直是陕北区域的经济文化中心，因而经济文化积淀较为久远和浓厚。相对来说，这些地区的窑洞门窗图案纹样种类较多，又善

安塞窑洞门窗

神木窑洞门窗

于变化，一些典型的纹样，在这些地区会呈现出非常多的样式，变得十分丰富。由于经济文化的繁荣和信息交流频繁，绥德及其周边地区窑洞门窗整体上处于最为高级和美观的层级，对传统的继承和认可也最为彻底。时至今日，绥德地区在年俗节日中，依然以最传统的方式装扮窑洞门窗。

第二章

纵横的文明——窗格的内涵

方圆中的世俗理论

  窑洞门窗有较为固定的结构。一般窑洞的门窗由上下两部分构成，上面为"窗"部，下面为"门"部。窑洞门窗外形为上圆下方，符合中国天圆地方的传统思想。窗户中间一分为二的横梁叫"平戗"，平戗下配有等长但宽度极小的"副戗"。上半部分统称为"圆窗"，下半部分统称为"门窗"。圆窗两侧的弧形边梁叫"圆戗"，顶上的弧形梁叫"脑

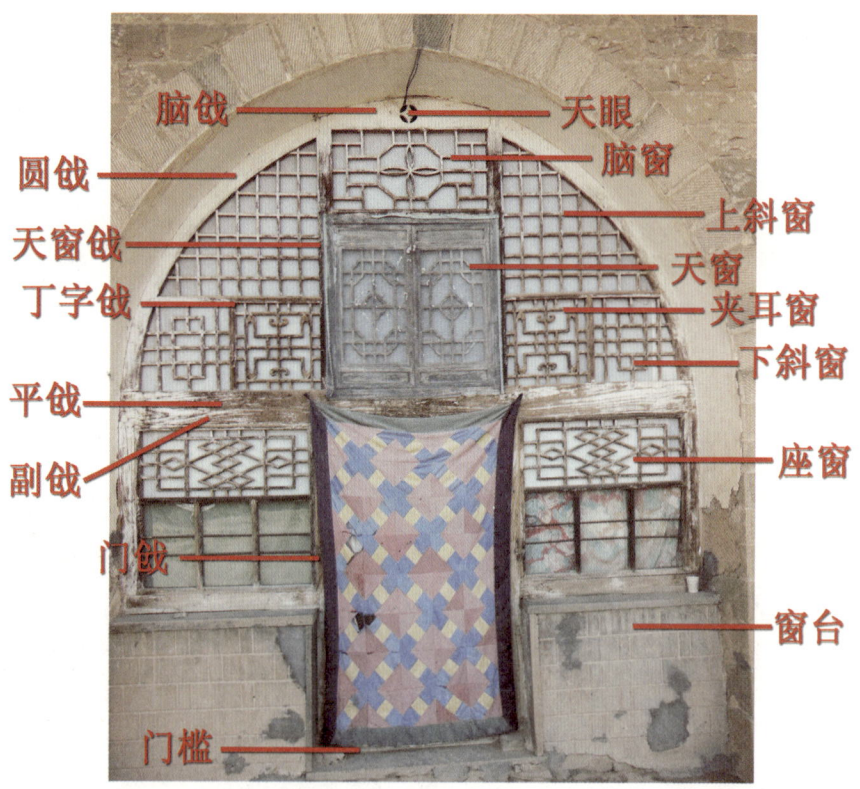

窑洞门窗结构名称

戗"。圆窗中垂直的两根大梁叫"天窗戗",它将圆窗分为三部分,中间称为"天窗"和"脑窗",左右对称的部分再由丁字戗分割成三份,上面一个,称为"上斜窗",下面两个分别为"下斜窗"和"夹耳窗"。"门窗"部分将走门与窗分割的垂梁叫"门戗",其余的部分统称"座窗"。座窗里面又有更细致的分割,一般会设有向外观看的玻璃窗。整个窗的构架框里面布满讲究的窗格格。窗格格都是镂空的,但是门是实木的,非常厚重。有的地方还在天窗外侧另加一个护窗,固定窗纱,以便天窗打开后隔挡蚊虫进入之用。也有在门框外侧加一个1米左右高的门的,因形似栅栏,称作"护门"。在陕北,门白天都是敞开的,只是关着护门,用来阻挡家禽和牲畜进屋。绝大多数窑洞都有"天窗""左、右斜窗""座窗""左、右夹耳窗"六大部分。当然,因各地窑洞中对走门的设置有所不同,"座窗"的位置也有所差异,在外形处理上,不外乎正方形、长方形和扇形三种。多数情况下,"斜窗"为扇形,"天窗"为正方形或者长方形,"座窗"是横长方形,"夹耳窗"为正方形,因而有的地方称其为"斗方"。

　　神木、府谷地区的一些地方,门窗由三部分构成,在窗与门中间分割出来"腰窗"的部分,形成了天、地、人的三才格局。另外,定边等干旱、严寒、风沙大的地方,窑洞口只设置一门和一矩形小窗,其余部分皆用泥石封闭。窗格子多是横平竖直的"田字格",又小又密。

　　窑洞建筑体现了陕北人的天地本源哲学观,窑洞就是宇宙母体,而出入窑洞就是出入于宇宙母体。整个窗格格的上圆下方的形式,正是陕北人心中的宇宙。窗格格立地通天。而在窗格格上大量使用"+"这种阴阳相交符号,也出于陕北人的哲学观。天窗是通天的"通道",民间请神或者老人去世,便要打开天窗,以便神灵进出。年关时刻,便要紧闭天窗,还要贴上"姜太公在此,大吉大利,百无禁忌",阻挡恶鬼相扰。天窗是整个窗户的"心眼",属于装饰重心,图案烦琐,十分讲究。制

有腰窗的窑洞

作天窗不能用开叉的木料，开叉会使"聚气溜走"。此处更不能使用铁钉，只能用卯榫部件和乳胶结合。无论窑洞是大是小，天窗和门的尺寸是固定的，因为"天"和人的尺度是不变的，二者的大小不能按照窑洞大小不同而同比例缩放的。因而制作一架门窗，木匠首先根据鲁班尺确定门和窗的尺寸，而后在此基础上划分其他部分。窑洞过小，去掉天窗和门的空间后，就不细分斜窗部分了。更甚者由于门窗过小，天窗也只是个装饰了，不能开合。

天窗上方，有一木匾，上开一眼，叫"天眼"，天眼直径10厘米左右，内有"五角星""卍字符""寿字""贵字""福字""贯钱""双如意""石榴牡丹"等镂刻图案，里外相通，不能裱糊麻纸，为换气口。陕北人认为此处为最接近"天"的地方，每有敬天的时候，非此处不可，所以这里常常挂着化解邪恶、保佑生命的"五谷包""符咒瓦片"。这一现象唯陕北独有，具有很强的地域特征。

窗格格是由窗棂子木条构成的，分为雄性的立棂子和雌性的卧棂子，

第二章　纵横的文明——窗格的内涵

天眼及其图案

雄榥子和雌榥子交叉组成图案。每一根雄榥子必定与对应的雌榥子相配，榥子交叉组合成原本无中生有之象，成为阴阳事物的空间形态。窗榥子严格按照奇为阳，偶为阴的数字观念组合和布置的。暗合天地理念。《周易·系辞》云："天一，地二。天三，地四。天五，地六。天七，地八。天九，地十。"天数是五，地数也是五，天属阳，地属阴。《周易》所谓"天地不交而万物不兴""天地交而万物通也"，所以陕北窑洞窗格格的榥子都是单数而窗格格都是双数的。正中的雄、雌榥子必然相交，划分天地四象，号称"穿心卧榥子""主骨立榥子"，可见其重要。《周易》曰："一阴一阳之谓道。"所以民间认为阴阳相交，是一种和谐而美好的组合，也是吉祥的样式。立榥子与卧榥子是以槽口相扣的方式结合的。立榥子的槽口向内，卧榥子的槽口向外，槽口相扣，亦有阴阳结合之意。

033

雌雄（立卧）楗子的划分也为木匠加工提供了方便，二者在制作榫头、槽口、连接方式等方面都形成了固定做法。尽管一架窗户有大量的楗条，但是木匠心中有数，制作时有条不紊，数百根长短不一、表里有别、曲直相异的楗条，在木匠组装完后，不多不少，无一差错。

　　窑洞窗格格的框架结构是采用对称平衡形式的。这里的对称平衡，是指将一条中心线，如水平中心线和垂直中心线，或者中心点作为门窗平面的基准，划分出图案相同、均衡的两个或两个以上的相互关联和相

绝对对称图案

互对应的图案形式，形成视觉上稳定、平衡且富有张力的审美效果。对称平衡，是陕北人民在艺术创造中应用十分广泛的构图形式。从民间剪纸、农民画到窑洞建筑和门窗构成，对称图式一直被陕北人民接纳和使用。它是人们在长期生产和生活实践中形成的对某些客观事物加以分析概括而获取的集体经验，是一种集体无意识的文化成果。

陕北地区的窗格格样式构成，就是这种集体无意识观念在民间木匠技艺中的自觉反映。对称的形式分成两种，即绝对对称和相对对称，这是中国艺术中的对称和平衡观。陕北窑洞门窗整体上是绝对对称的结构，一条竖直线将门窗划分为左右完全对应的两部分，而各个小单元内的窗格格图案结构绝大多数也属于绝对对称的形式，整体图案被"—"或"丨"和"×"或"+"结构线划分为两个或四个或更多的基础单元，并均匀地分布到相应的位置，给人一种平衡、严谨、扩张、稳定的感觉，如"寿字纹""枪刺梅花""盘肠""灯笼锦""老虎盘"，等等。还有一部分则可以归为相对对称形式，尽管也是被"—"或"丨"和"×"或"+"结构线划分，但是各部分图案呈旋转形分布，即图式形成上下左右或四角位置体量和内容上的对称平衡，给人一种活泼、生趣、新奇、灵动的心灵感受，如"勾镰匚字""风车锦""卷席子"等。而在其他地区出现的那种没有对预定的结构进行分割而是完全靠视觉调整获得的对称形式，在陕北地区基本没有出现。这可能与陕北地区技术落后有关，也可能与陕北人朴素和简单的理念有关。

任何形式都发生于某种思维模式。对称图式的出现和民众对这种图式的喜爱以及在各种构图领域的应用，必然因为人们受某种模式化思维的制约，这种思维就是中国特有的整体思维模式。整体思维模式强调事物的完整性和圆满，将整体视为事物之根本，局部都是构成整体的单元，各单元要互相关联，以便更好地形成整体，并达到圆满，而对称就是联结各个局部单元形成整体的最好形式。这种局部和整体之间的关系以及

相对对称勾镰

局部服务于整体的理念在窑洞窗格格的图案样式选择中表现得非常明显。窗格格有着非常严谨的内在结构组织，一旦窑洞门窗长与宽的尺度确定后，其内部各连接点的尺度及线条之间的联结都一并确定下来，且在其基本结构线"+""×"或中心点位的经营下，形成最小单元窗格格的模数基准。之后，所有窗格格的组合都要像现代艺术中的一种平面构成按照整数倍数进行分割。由于尺寸比例的设定受到模数的严格制约，因此，构成形式就自然形成统一规范又变化丰富、节奏强烈的秩序与逻辑美感。制作陕北窑洞门窗的民间木匠严格遵循传承下来的"技"与"艺"的规范要求，在多年的实践中，他们既有丰富的技术经验，又有实践生活中获取的艺术素养，因此，在制作门窗时能以一种特定的方式感知，成功地表现出门窗主次分明、虚实相生、隐显结合及富有节奏和秩序美感的窗格格图案。

尽管窗格格造型有诸多的规范约束，但就民间艺人个体而言，对线条个性化的理解和表现使得他们在门窗制作的具体处理上拥有极大的灵活性。窗格格中的用线很多，包括竖直线、水平线、斜线、对角交叉线、弧线、波浪线、折线、各种"盘长式"花纹线等，艺人能自主地选择线型以及决定某些曲线的弧度，这就形成了门窗之间的差异。由于材料和加工技术的缘故，窗格格造型运用线型最多的是垂直线与水平线，这两种线的互交，即是形成窗格格造型的基础骨架和结构。民间艺人都懂得不同属性线条的表现力，如为了避免线条在组织上缺乏变化而造成呆板、平庸、虚弱的情况，他们在使用线条造型时，都自觉地遵循着"统一中求变化，变化中谋统一"的辩证法则，力求构图丰富，有变化。线条作为窗格子的造型元素自然受到了极大的限制，线条之间的距离，组合方式虽不能任意发挥，但是民间匠人还是发挥了能动性和想象力，通过调整和改造，改变或创造出了许许多多的纹样，就天窗中的"寿字纹"而言，在陕北地区不下百种，而诸如"卐字""冉字"等纹样与其他图案结合则出现了更多的变化。

在对装饰图案纹样选择时，民间木匠往往无需考虑，信手便可画出一个早已在头脑中固定的、程式化的构图方式。这些都是师傅传授的、非常成熟的样式，无须再作变动，所以画起来胸有成竹，挥洒自如。他们对由各种线条组成的反映民众心理需求的具象图案运用的较多，如"冉字纹""丁字纹""卐字纹""八卦纹""方胜纹""喜字纹"等。对线条的广泛使用，一方面丰富了窗格格的审美情趣，另一方面也提高了民间木匠的艺术主创性。

富有变化的窗格格

窗格几何图案里的生命观

1. 窑洞门窗中的模数

早期模数主要是体现在美学、哲学意义上，反映了人们希望以"人体"尺度认知建筑物、城市等超大规模事物。模数的应用是感官上的，是对每个物体整体比例、尺度上的把握和控制。陕北窑洞门窗的特殊结构和构成材料，以及其承载的阴阳相交、五方分布、九宫、八卦等观念和对称、平衡、规则等构成形式的美学要求，促使门窗引进"模数"的概念。

门窗模数指的是它的结构形式是以一个"格子"作为最小的构成单元重复组合。模数是门窗制作中选定的标准尺寸单位，是门窗装饰图案尺寸相互协调的基础，也是门窗设计和制作标准化的基础。门窗中格子的关系并非只是简单形式上的排列，而是一套由模数按照造型要求所营造出的秩序。在陕北人看来，窑洞门窗本身就是一种再现天、地、人秩序的图符。门窗窗格的布置是均衡的，而均衡又是由比例得来的，比例是在一切门窗中细部和整体服从一定的模量而产生均衡的方法。门窗中的单元就是其中最小的正方格子，数个单元格子以重复和组织实现的平面序列就是构成天窗、夹耳窗、座窗的不同图案，呈现出既统一又有变化的效果。

陕北窑洞门窗的大小是不同的，但是式样有一定的规格。无论哪个地区的窑洞门窗，其所用方法大都已趋于模式化和标准化，所涉及的操作都是重复的，都是使用当地材料和简单的工具来进行的。模数的标准化是对于相同大小的门窗而言的，模数的大小是由具体的门窗决定的。即选定了特定的一架门窗，才选定该架门窗的标准尺度单位，也就是针对不同的门窗对象，制定相应的模数。在设置一个图案纹样时，以基本模数为标准，连同一些以基本模数为整倍数的扩大模数，共同组成模数

门窗模数

的"尺寸单位",它是比例尺的比例,其他尺寸数值都是它的倍数。窗户的图案是通过窗棂子围合的平面空间显示出来的,木匠制作的是棂子,最终显现出意义的却是空间。正如老子曰:"三十辐共一毂,当其无,有车之用。埏埴以为器,当其无,有器之用。凿户牖以为室,当其无,有室之用。故有之以为利,无之以为用。"木匠对戗木、棂子的处理,都是以其所创造平面空间为参照的,眼睛看到是实物,脑中想的是虚空。

门窗中的模数亦是如此。窗格棂子的纵横穿插是在划定空间的边界，当它完成这一使命时，制作者和观看者眼里就只剩下空间了。可以说，窑洞门窗图案是空间的世界，是空间以特定模数组合而成的世界。

2. 陕北人的生命观

窑洞门窗装饰中的几何纹样是陕北人演绎天地格局、生命现象，提炼生命符号，揭示生命内涵，表达生命意义，完善人生境界的手段。孟子"不孝有三，无后为大"道出了中国农耕文明劳动大众的生命观和价值观。汉族传统上十分重视对祖先的祭祀，历史上长期有设立宗祠和修缮祖坟的传统。男性后裔肩负着祭祀祖先、上坟扫墓的职责。如果一个家庭没有男性后代，其先祖就会无人祭祀，成为"孤魂野鬼"，这一情形被称为"绝后"。另一方面，多子多孙在农业社会是劳动力强盛的表现，它构筑出保护生命的物质基础。总体而言，这一文化心理是人类以家庭和家族为单元抵抗自然和社会灾害而塑造出来的。所以，重视"传宗接代"成为汉文化的一个核心观念，陕北人将其作为个体生命存在价值的重要依据，他们繁衍子嗣和多子多孙的愿望表现在生活中的方方面面，而窑洞窗户成为他们最为重要的阵地。陕北人相信门窗是人与天地神灵沟通的媒介，在其上表达诉求是十分恰当和有效的，因而门窗格子便更多地承载了情感表达和生命诉求的功能，窗格子样式也成为"有意味的形式"。在这一小小平面世界中，载入了陕北人实现个体生命价值的各种符号，以及反映生命本质的想象力和创造力。窑洞门窗成为陕北人的脸和表情，宁静地凝视着远方，等待上天的恩赐、生命的降临。

3. 门窗中的几何图案

窑洞的窗格格在陕北民间具有极强的表现力，它的大小、数量和式样在全国民居建筑中独具特色。几何图案是窑洞门窗最重要的造型。几何学上的点、线、三角形、四边形、圆形这些基本元素的运用，构成了丰富的门窗图案纹样。无论是天窗、斜窗，还是座窗、夹耳窗，在其构

成和造型上都是不同的，不仅有百千种变化，而且有百千种寓意。中国是一个多民族的家庭，以汉族文化为代表的中华民族文化延续了数千年。总体来说，陕北窑洞门窗图案纹样与全国的是同根同源的，沿着同一脉络传承发展的。这些纹样尽管在称呼上有一些地域性的差异，但是其特定寓意是一脉相承的，都是诉求生命价值的。陕北窑洞门窗装饰图案纹样主要分为几何纹样、汉字纹样和花卉纹样。几何纹样最常见的图案有"七仙女下凡""蛇盘九颗蛋""斗底嵌云子""盘肠纹""八卦纹""方胜纹""富贵不断头""十二莲灯灯套灯""九宫嵌海棠"等。

条纹型 由平行的竖直线楞子构成，即常见的竖楞窗。竖楞简洁大气，不易积灰，易制作，因此一直沿用至今，在早期的土窑洞门窗中应用最多。但由于其缺少特定寓意，且不够结实耐用，新式窑洞门窗较少采用这种形式

腰三曼二 在条纹型的基础上，在顶端、中间、底端横向穿插棂条，窗格从上到下形成规律变化的格局。腰三曼二多用在天窗或门平窗上。由于腰三曼二的形式和构成样式规整且易于制作，所以它在门窗上出现的频率极高。在一些村落，几乎每架门窗上都会出现

七仙女下凡 由六根竖立的棂子和棂子间的雕花构成的图案。这一图案实际上是在腰三曼二的框架基础上进一步发展而来的，加入许多装饰性梅花小件，整体看来犹如七位身材妙曼的少女，民间便称其为七仙女下凡

门窗上的 [陕北文化]

背弓嵌海棠 中心的"海棠"作为基础框架,数组"蝠"形纹饰布置在四角组合成对称且相背的"弓"字形。双背弓嵌海棠图案宏大,方圆相间,布局美观,寓意吉祥,非常受陕北人喜欢,常常作为门窗的主要装饰图案,多应用在天窗上

纵横的文明——窗格的内涵 第二章

枪刺梅花 由枪头向外且"×"式交叉，中间嵌有"梅花"。枪、戟、矛是古代以刺杀为主的进攻兵器，民间喻男子锐气进取；梅花凌寒傲雪，喻女子端庄美丽、坚贞不屈。窗户中阳刚之枪头刺阴柔之梅花，实则代表"英雄"和"美人"相交，含文武双全、才子佳人之意，有圆满的意思；也暗喻男女交合之意。正方形格子非常适合枪刺梅花的形式，点线结合，重点突出，非常美观，多应用在夹耳窗上，与天窗相配合

方胜纹 又称"宫式纹"。"方胜"是由两个斜方菱形套接而成,也可用大小菱形套接组合,既有规律,又有变化,寓意吉祥福寿、延绵不断。"方胜纹"的构成与窗格的构成是非常匹配的,且可以形成多种样式,变化非常丰富,所以在门窗上应用极其广泛,尤其在座窗上

纵横的文明——窗格的内涵

第二章

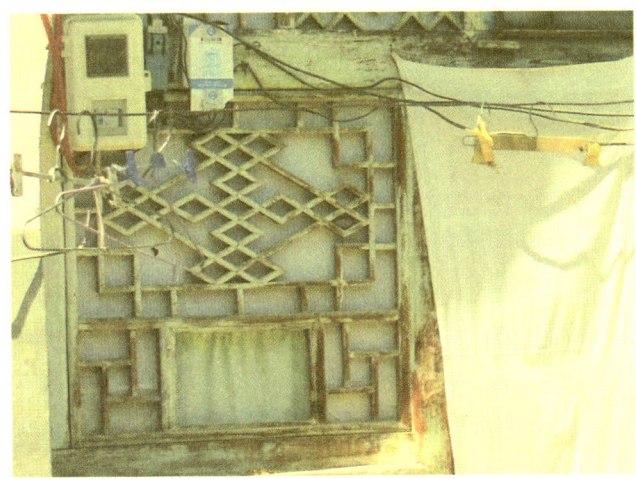

盘肠纹 横竖直线沿九宫格盘形缠绕，形似中国结。寓意长久不断，长寿无穷，为陕北人最喜闻乐见的样式。其变种有"双盘肠""如意盘肠"等

蛇盘九颗蛋 形似"盘肠",特别之处是其围合成九个独立完整的菱形。蛇盘九颗蛋作为陕北传统的造型纹样,广泛地用在陕北秧歌场图和窗花中。蛇象征男根,寓意生殖能力强;而蛇又多产蛋,所以蛇蛋兆示人丁兴旺,子孙满堂。此图案实为生育文化的反映

十子团圆 形制与蛇盘九颗蛋相同,只是中间有十个独立完整的菱形。十子团圆寓意子孙繁衍不断,深受大众喜欢,加之图案美观,因而在窑洞窗户上应用非常多,尤其在座窗上极为普遍

第二章 纵横的文明——窗格的内涵

老虎盘 以"卐"为基本构成元素，形似老虎脸谱，有威严之气。陕北人认为老虎是瑞兽，能佑护孩子健康成长，故特别喜欢应用老虎盘图案。老虎盘图形可连续布置，多用在夹耳窗、天窗上

方斜交格 规整简朴，是最常见的简洁的正方形"×"式构成的窗格图案，多用在面积较大的上斜窗中

陆斜交格 方斜交格的变种，组合成的格子成菱形。多用在上斜窗和座窗中

三交 是斜交方格的变种。由三条棂交于同一点而形成的,视觉美观,其组合图案相依相护,绵绵不断,寓意代代相传

四交 "田字格"的变种,每条棂子换成两根,组成大小不同的格子阵列。四交格子制作省工省料,在较为贫苦的地区较为常见

胡搅　胡搅是由一条竖直棂穿入三交纹样而成的。由于三条不同方向的棂子未按常规构图规律交于同一点，故形成一种"乱"的特殊视觉效果

纵横格　由横向平行和竖向平行的两组棂条不断间隔排列组成的图案

第二章 纵横的文明——窗格的内涵

海棠格子 中间留有格心，上下左右连接边框的图案

鱼鳞纹 形似鱼鳞的图案

勾镰卐字　由四个镰刀形棍条以"卐"的形式排列组成的图案。"勾镰卐字"图案具有动感，构图美观，寓意美好，多用在天窗中

葫芦阵　数个葫芦形阵列组合。葫芦多子，葫芦阵寓意多子多孙。由于葫芦的造型线条为曲线，制作费工费料，也不结实，所以在窗户中应用极少

纵横的文明——窗格的内涵 第二章

灯笼锦 棂子相交，围合成形似灯笼的图案，中间多有装饰性小样，如梅花、海棠、撞钱等。灯笼锦的样式很多，且可以相互组合、嵌套，变化丰富，非常适合方形的平面空间，因而是门窗中应用最多的图案之一

十二莲灯　数个灯笼锦嵌套，组合成正方形图案，多用在夹耳窗和座窗里

龟甲纹　亦称"龟背锦"，由方形、八角形或六角形套结形成的似龟甲的图案，寓意吉祥长寿，在陕北窑洞门窗上多采取连续排列的形式

第二章 纵横的文明——窗格的内涵

风车锦 形似风车造型的图案

席纹锦 人字形方格斜着连续排列，形成席子的纹样，寓意绵绵不断

纵横的文明——窗格的内涵 第二章

步步锦 由连续的长方格以错纹的方式层层围合而成，上下左右对称、形容步步高升

砖宝城 步步锦的变种，中间留有格心

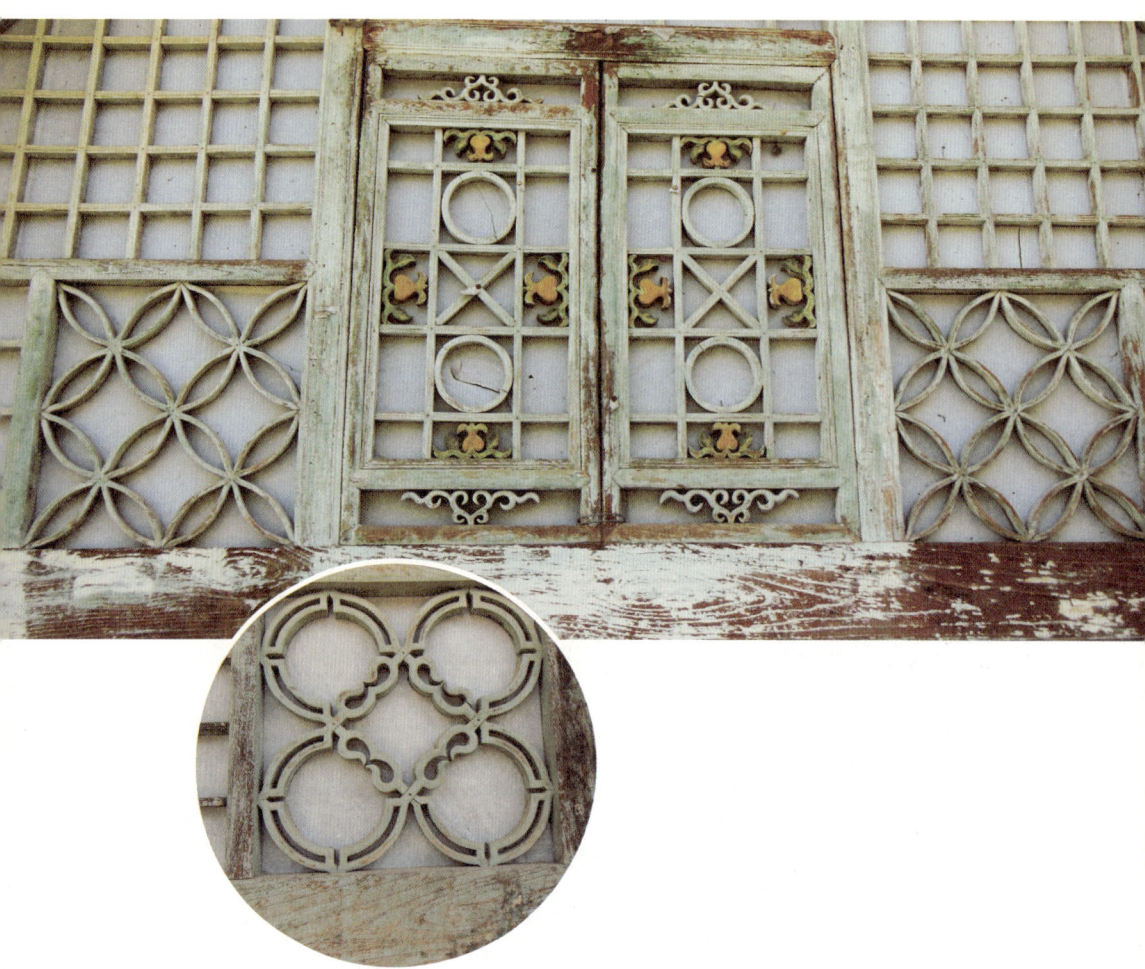

贯钱纹 由圆环错位套叠组合而成，呈铜钱状。它吻合了民间人们祈福求财的心愿，寄托了陕北人对富足生活的诉求。贯钱纹在陕北窑洞门窗中应用得非常多，常见的排列形式为多个单贯钱或双铜钱组合排列

柿蒂纹 形如柿蒂的曲线形图案。"柿"与"事"谐音,寓意事事如意。曲线形还可以组合变化出各种花瓣、卷草图案,形式多样,但是由于其制作复杂,对材料和技术要求较高,在早期门窗中不多见,而今由于机械的使用,柿蒂纹也较为多见

杂花 其他花饰纹样

混交格 这是最复杂的窗户纹样,由多根棂子正交或斜交而成,在适当位置嵌入吉祥图案。如香花瑞草,松柏竹梅,文房四宝、暗八仙等均可嵌入。由于经济和文化的欠缺,混交格子在陕北平民家的门窗中应用不多,地主家窑洞门窗中应用则非常普遍

除上述这些常见骨架形式外,民间木作艺人还设计了许多造型优美的独立小件图样,如"云勾子""挂钱""剑头""枣核子""梅花""五角星"等等。这些小件专门用来装饰和点缀局部,起到画龙点睛、渲染气氛、强化主题的功能。多寓意富贵、多子多福、子孙不断、生生不息等。

云纹格 云纹格又称"云勾格"。作为造型艺术,应用相当广泛。匠工往往在云纹内弧部位嵌入石榴、红枣、核桃、太阳、月亮、花卉、铜钱等图案,预示早生贵子,正大光明,兴旺发达,贵人扶持等。"云勾"作为农家常用纹样,可繁可简

枣核子 两头尖的菱形图案,形似枣核

石榴　由整块木头雕刻而成，多与鸟、牡丹搭配

双如意　由两个菱形嵌套而成

文字与花卉造型——美好祈愿的传递

中国有着世界上绝无仅有的汉字装饰纹样。中国汉字主要源于"象形",通过对部首和偏旁的认知来表达字的意思,其形象性和多义性使它富有情感色彩,因此,作为图形语言把揉进装饰造型是顺理成章的。特别是汉字的方块状形式,更方便以图案化的形式来表现。

汉字纹样多是通过巧妙的方式使汉字图案化,通过艺术处理使得汉字形态更加美观,使它与周边的图案协调、和谐,不仅突出了格心的装饰性,而且增加了它的趣味性。汉字是由线条构成的,它具有转化为窗格子棂条的先天优势,符号化使其脱离原始的结构和构成方式,以另一种面貌呈现出来,但是却不影响人们对它的形体认知和意义的解读。

窑洞门窗装饰图案中汉字的符号化是指汉字按照门窗图案窗格的表示方法,如模块化、同质化、线状符号法等来完成对特定汉字造型和意义的描述和表达。这种汉字符号化是使用艺术手段提炼出来的,是能够反映陕北人特殊情感的图饰符号,既是表象的,又是推理的。陕北窑洞门窗图案纹样有"田字纹""丁字纹""卐字纹""寿字纹""喜字纹""亚字纹"等。

窑洞门窗中的汉字和花卉图样饱含生命气息,它们是陕北人追求美好生活和表达美好愿望而选择和创造出来的。它们所承载的寓意深刻地反映了陕北人对世俗生活和人生价值追求的目标。

寿字纹 陕北门窗上的寿字纹形式极为丰富，有形状呈圆的"圆寿"（也称"团寿"）、花寿和形状呈长的"长寿"。"圆寿"线条环绕缠连，寓意生命绵延不断；"长寿"则是借助"寿"字长方形的条状形式表示生命长久；而将"寿"字与各种图案组合搭配则是"花寿"，常见的是以"寿"字为主体，辅以梅花、荷花、慈姑等具有吉祥意义的花草。寿字纹在陕北窑洞门窗上应用非常多，绥德、米脂一带的天窗上独立安装一个大"寿"字，俗称"寿字通天"，十分醒目

卍字纹 "卍"字纹本为我国一种古老的符咒、护符，通常象征太阳和火，也被认为是一种宗教符号，佛教认为它是释迦牟尼佛胸前所现的"瑞相"，标志"万德吉祥"，其读音为"万"。"卍"字大致有单的、变体的、连环的、双联的等。由于"卍字纹"的特殊样式，它宜于木匠制作，又可前后左右上下联结形成"卍"字不断头，而"卍"字不断头又能幻化成富贵不断头。多个"卍"字联结，规整饱满，十分美观，成为窗格常见的一种组合方式。"卍"字有直线形，也可曲线形，通过曲折变化，产生无数种回旋且有动感的形态。陕北人认为"卍"字可以镇恶压邪，因而十分喜欢用它

双喜格　双喜是中华民族最为喜闻乐见的一种符号，相传为北宋王安石所发明。双喜寓意非常广泛，得子与生财，福与寿，登科与升迁，出行与居家，等等，均可成双喜，但民间主要寓意嫁娶之喜。男婚和女嫁为双喜，所以在中国历史上的婚嫁中红双喜是张贴得最多的。窑洞门窗中的双喜图案也十分广泛，成为民间喜爱的吉祥字，有喜上加喜之意，被称为"永远的双喜"

田字格 这是一种单一的方形图形组成的窗棂,虽然做工简单,但却单纯、整齐划一,其正方形窗格最适宜贴窗花

工字格 两横条之间有一竖柱顶开。上一横条象征天,下一横条象征地,竖柱象征人,取"三才者,天地人"之意。但由于竖柱上下不在一线上,所以不是方形的"田字格"

亚字格 横竖梃仿吉祥"亚"字组合,寓意明辨是非、善恶相背。亚字格常与冉子格组合使用,经常是你中有我,我中有你

回字格 形似"回"字的格子,多用在座窗部分

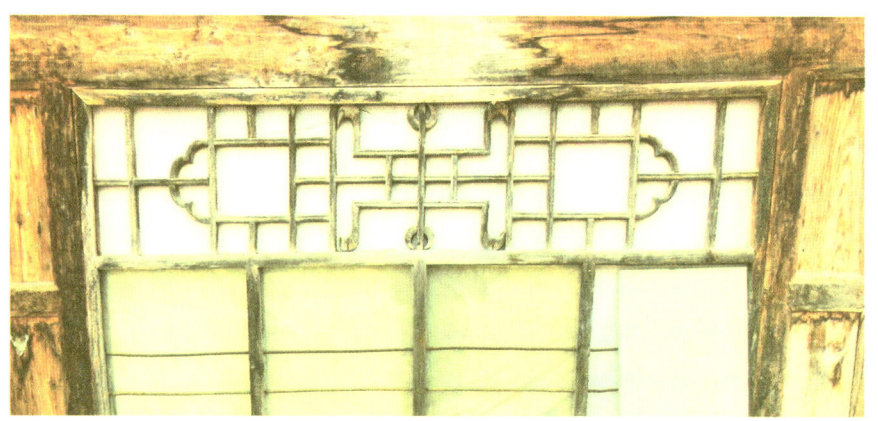

丹字格 是"丹"字变形形成的一种纹样。或一点出头,或一点横陈而成古代"冉"字,故又叫"冉字格"。"丹"本为红色,而红色是吉色,寓人财两旺,家道正处于上升时期。这是典型的文字格,造型非常符合窗格格的制作工艺,因而应用极多,它与其他纹样组合,形成十分丰富的图案

丁字格 一横一竖构成的格子,形似"丁"字,一般都是重复排列

花卉也是窑洞门窗装饰图案纹样的来源，在陕北多为梅花、海棠、莲花等。陕北窑洞门窗中的花卉图案纹样多在整体图案的中心或配合主题使用，形象极其抽象，有独立成型的，也有几个曲线小棂子小件围合构成的，线条简洁，造型朴素。

山丹丹 由长短不一的花瓣嵌套组成，多应用在天窗上

纵横的文明——窗格的内涵 第二章

海棠 一般由四个"蝠"形小件围合在十字交叉棂子的中心，圈成团花状，陕北人称其为"海棠"，也叫"宝"

梅花 整块木头雕刻而成多安装在十字交叉的中心

| 073 |

第三章

窗花上的农耕文明

窗花

　　剪纸在陕北也叫窗花，主要在窗户上展示，所以说它是窑洞里的艺术，更是窗户上的艺术。窑洞对于陕北人来说就是生命的全部，是陕北人保护和容纳物品的安全空间，而窗户则是陕北人抒发情感和建设精神世界的眉与眼。在陕北，门窗框架的建立不是门窗工程的终结，恰恰相反，门窗真正的生命和使命在陕北人日常生活过程中才刚刚开始。男人在黄土地里刨挖，女人则在窑洞里操持家务、生儿育女，美化居住环境，也在窗户上展开了一系列的世俗活动。她们将窗花与门窗密切结合，形成陕北地区极为丰富的民俗文化和艺术活动。如果把窑洞门窗的基本框架和形式比作一个人的体格，窗花无疑就是装扮这个人体格的衣服和饰物。窑洞门窗的特殊构造，尤其是它的木质窗格格形制和构成非常适合剪纸的应用和展示，为剪纸提供了广阔的展演平台，使得陕北剪窗花活

第三章 窗花上的农耕文明

剪纸活动

动非常盛行。陕北人对窗花这一古老文化观念和创作技艺的不断传承，以及数百年来陕北窗花与陕北窑洞门窗的密切联系和融合，促进了窗花的发展和演化，形成陕北窗花特有的风格、形式及内涵。在陕北农村，每个窑洞窗户都是一个窗花的小型展览场所，全村就是一个很大的窗花艺术世界。特别在节日里，整个窗户花花绿绿，异彩纷呈。那星罗棋布、形态各异的窗花使得门窗显得更奇特、美观，窗花的装扮使得门窗的各部分产生有机联系，形成一种别样的格调，产生一种神奇的效果。

在数百年的传承和发展中，陕北窑洞窗花一直扎根于农耕文明之中，农耕文明下的传统观念及其文化规制是它的根本，也是滋养它生存和发展的沃土。可以说，窗花是农民的艺术，是农民思维的产物。农民有着共同的诉求，有着相同的祈愿，而窗花则从不同角度和方面关照这些祈

窗户与窗花

愿。千百年来，由于农耕环境的限定和农民职业的延续，以及农耕文化规制的固化，使得劳动民众一直沿袭着相同的社会结构、群体格局、文化构成、生活模式。而依附于此的农民在风俗习惯、生活方式、思想观念、宗教信仰和审美情趣上也是超乎寻常的一致。尽管人的喜好和技能手法都有其特性和差别，彰显出个体的品位和气质，让窗花具有多姿多彩的风格，但是从根本上说，陕北窗花具有强烈的同根、同质、同源的特征。窗花的创作意图、表现形式，甚至传承和交流方式也无出其左右，显现出强烈的农耕色彩。基于农耕文明的窗花，有着匹配于身份的文化性格。其朴素的造型语言和艺术形式，具有显著的"乡土性""原生性"特征，反映着陕北人朴素的情感追求和生活理想。

第三章 窗花上的农耕文明

农耕文明的根基造就了陕北窗花在类型、造型、样式、表达主题上的共同性。但是考察各个地区的民间艺术，便能发现陕北不同地区的窗花有着不同的个性特征和风格，呈现多样性和丰富性。窗花观念主要扎根于农耕文明的社会之中，这个社会是由许多个微小的、封闭的、未开化的社会单元组成，每个社会单元的形成都与所处的地理环境、历史发展进程相关，也由此产生了社会单元自有的地域文化。在这种文化里，每个人都有一种强烈的从属意识和认同心理，即所谓的"文化—心理结构"，所谓的"集体无意识"。

乡土味浓郁的窑洞门窗装扮

陕北人的窗花观念具有强烈的集体意识，这和陕北农民的知识、态度和追求具有同质性有关：一个人所了解并相信的事物也为绝大多数人了解和相信；一个人所做的事情和采用的方式几乎是绝大多数人所做的事情和沿用的方式。发生在个体中的事情或者个体表现出来的意愿，往往就是发生在集体中的事情或者集体表现出来的意愿。陕北人的窗花观念无形地统治着窗花的创造和行为的发生。所以，在农耕文明文化规制的笼罩下，窗花的各因素无不成定制，深深地印在陕北人的脑中，不可逾矩，保留着古老的"面目"。陕北人对祖上传下来的窗花纹样是十分尊重和敬畏的，虔诚地遵循这些固有式样和它们的世俗功能。有小孩出生时，奶奶要剪"葫芦"（生男孩）或"金瓜"（生女孩），结婚时要剪"鱼戏莲""扣碗""石榴戏牡丹""鹰抓鸡""猴抽烟"等"喜花"，

扣碗

过年剪要剪"蛇盘兔""鹿掀草""狮"等剪纸。这些剪纸都是祖先传下来的，具有特别的含义，应用在特别的场合，也忠诚地延续着特别的民俗文化功能。陕北人剪窗花的目的不是为了以此养家糊口，也不是为了悦目上层社会，而纯粹是自我使用、祈愿、抒情。除了强化节庆时节装扮效果以外，更多的是以窗花传达喜庆活动的意义，形成深层预示和祝福，例如祈求苍天开眼、神灵降幅、祖宗保佑，预祝风调雨顺、五谷丰登、多子多孙、五福临门、祛病消灾等，以达到心理平衡与精神慰藉。

猴抽烟

鹿衔草

蛇盘兔

故事展演的舞台

窑洞门窗是陕北人长期精心设计的反映天地格局的装置，它不仅充分地结合了黄土高原的自然、地理、窑洞形式、居民生活方式等条件，也恰当地利用了窑洞建筑采光的特征，制造出非常特殊的光影效果。门窗形制完成后，其并未作为一种自然元素同人的生活完全融合而发挥出最佳价值，只有窗花的加入，门窗才实现了承载物质形态和精神形态的全部意义。门窗虚实相生的结构后面是可以触摸的空间格局，它使填补于其间的窗花意蕴灵动，演绎出陕北世俗生活的情趣。出于窗格子的色纸和窗花图形既延续了窗格子的原有使命，又使得门窗本具有人格化，

特殊的光影效果

成为被装扮的对象,变得有眉有眼,显现出一个具有五官的具体形象来。窗花的布局基本上都是对称的。由于窗格子的关系,窗花的格式,有独幅的,有组合的。一般为适应窗格子的尺寸,窗花的幅面都不太大,小者几厘米,大者十几厘米,一个格子内贴一幅。有多幅组合展示的,大多采用成套的风俗题材,在局部的平面内拼贴形成整体;也有采用团花(也称"转花")形式的。团花一般较大,置于窗户天窗正中间,为了不影响两扇天窗的开合,团花也分开剪为四块,以窗缝为界拼成圆形或方形图案,起中心装饰作用,窗子闭合时,团花在视觉上是完整的。角花,农村也称窗角子,是三角形的纹样,安排在团花周围,虽然小,但内容特别丰富。陕北婚俗上最常见的贴窗花方式是在天窗上贴又大又圆的团

独立的窗花(李书书摄)

花，团花多由花草连续组合而成；两侧的夹窗上贴有略小的方形窗花，两侧呈对称格局，象征天圆地方、红男绿女；座窗上一般在四角贴对鱼、对鸟、对娃娃的角花，寓意阴阳互生、生生不息；中间则为成套的窗花组合，如"鼠盗葡萄""鼠盗南瓜""老鼠偷油"等。

陕北窗花样式和张贴方式有一定的相同之处，但是各地方由于地理和文化心理的不同，也具有一些显著的差异。如风格和题材的差异，陕北安塞地区的窗花基本代表着窗花的整体特征，作品多构思大胆，造型夸张，古朴粗放，表现手法不拘小节，率性而为，将安塞人的豪迈性格展现得淋漓尽致。在内部装饰上，以随意装饰和意象装饰为主，有时意象装饰和具象装饰相结合，一般常用的装饰纹样有锯齿纹、月牙纹、纺锤纹、菱形纹，以及"云勾""丂字""富贵""砖包城"等。地处西北边陲的"三边"（靖边、安边、定边），其窗花的风格竟然比不得南部的安塞那么粗犷有力，表现出如同南方剪纸的"细腻委婉若江南丝竹"。绥米（绥德、米脂）窗花虽属风格细腻的一类，但在题材内容上显然不同"三边"。"三边"窗花更多表现动物题材，如狮、虎、鸡、猫、马、羊，或人与动物相处的题材，如人骑马、放羊、喂鸡、赶牲口等；而南三县（绥德、米脂、佳县）窗花的题材多戏剧人物、历史故事等。题材上的区别，反映出发达农耕文化与半农半牧文化的鲜明差异。

由于风格和题材不同，陕北各地的窗花在大小上存在一定差异。绥德、米脂的剪纸比其他地方的大一些，一般小不过五寸，大不过一尺，原因在于这里的窑洞窗户格子要大一些。"三边"剪纸以小巧玲珑著称，大不过掌心，最为典型的是将老虎、狮子、麒麟、鸡分成四块来剪，这应是风沙草滩区窗格较小，一个窗格贴一块，四个窗格才能凑够完整的一个窗花的缘故。

另外，各地的文化状况也影响窗花的张贴形式，如横山、靖边、神木等靠近游牧民族的地方贴法较为粗犷，该地还出现了一种"拼角"的

剪纸四部分拼贴

贴法，仅以色块来营造窗格组合的整体效果。而安塞、绥德的贴法较为细腻，除了要求能显示门窗的整体效果外，还要求每个具体的窗花既有意义又有观赏性。

窑洞窗户是剪纸重要的展示场所，在多年的适配过程中，剪纸变成了窑洞窗户的一部分，这样大大地刺激和稳定了陕北窗花艺术的发展，也使得窗花剪纸渗透到陕北人的世俗生活中，并扮演着重要的角色。例如在婚嫁时，窗花主要表现"鱼戏莲""鹰抓鸡""石榴戏牡丹""抓髻娃娃"等具有生殖和男女耦合之意的主题；过年时，窗花主要为"刘

第三章 窗花上的农耕文明

并角窗花

并格窗花

海戏蟾""四季平安""蛇盘兔"等吉庆平安的主题。不同的节气、不同的民俗，窗花所表现的主题也不同。

窑洞窗户是一块幕布，窗花是展演的主角，主角在幕布上的展演是常变常新的，并随着时间和空间的变化产生不同的效果。早晨金灿灿的阳光透过白色窗纸形成的窗花影子，清晰而通透，站在外面看，显得迷幻和精彩。在漆黑的夜晚向有灯光的窑洞看去，或是在有月光的夜晚由窑内向外看去，窗格子上的影像又是大不一样的，充满别样的意趣。窗格子上的故事就是这样一年四季地更换着，随着时间的推移而显现出多样的风情，演绎出一幕幕丰富而热烈的陕北世俗生活及情感故事剧。

农耕劳作里的三部曲——耕种、收获与庆收

陕北的部分剪纸与节令密切关联。如正月初七是"人日",陕北人把这天当作扶运气的好日子,农家妇女剪一绿色的鹿,一只红色的马,对贴在窑内最显眼的墙上,鹿、马下方贴黄表纸做成的三角形香炉。上香的同时,口中还要念叨"马、马你吃草,一年的运气都扶好……"以祈祷新年新气象,获得好年成;正月十五闹花灯,灯上要贴剪纸,让其更加绚丽吸引人;三月清明,祭品上要摆放剪纸,表达怀祖之情;在立春剪"鞭春牛",告诫农民春耕不等人,提醒他们及时务农;五月端午,剪贴"五毒"(蝎子、蜈蚣、毒蛇、蜘蛛、壁虎),或将"鸡食五毒""虎降五毒"等剪纸贴在门上、窗格子上、墙壁上,表示降妖除病的意义;

鞭春牛

七月七日乞巧节，姑娘们相聚一起，剪花样、赛智慧；八月剪"五谷丰登"，祝愿秋天丰产丰收；九月九日重阳节，剪刻重阳旗，寓示步步登高；十月一日寒衣节，人们用五色纸剪成寒衣，做成衣、帽、鞋、被种种式样，在门前或坟地焚烧，寄托生者对亡人的哀思；十二月剪"老鼠嫁女"，表达农民根除鼠患的愿望；年关剪"连年有余"，祈盼幸福生活日久天长。

　　这些与民俗节庆相关的剪纸内容非常丰富，形式多种多样，是陕北地区剪纸的重要主题，具有浓郁的生活气息。然而陕北节庆剪纸的核心思想还是耕种，如春牛、丰收、年成等主题都是与农业关联的。农业生产活动是陕北人最重要的事情，它关系到人的生存。陕北人的生存都依附在一年的农业收成上，任何事情都要让步于农业，服务于农业，甚至被陕北人极其看重的婚事、生育期也要算计着避开农业劳作季节，安排在冬季进行。在农忙季节，陕北人全身心投入农业劳作当中，整地、播种、

大丰收

第三章 窗花上的农耕文明

老鼠嫁女

浇水、除草、收割、打场、归仓等农业劳作一项接着一项，让他们从春天一直忙至深秋。繁忙的农活以及高强度的劳动让陕北人无暇顾及太多的闲情逸致，只有到了过年的时候，才能慢慢回味一年生活中的辛劳与甘甜，而农业的丰收是最让他们倾心的。因而，在漫长的一年农业劳动期间，在诸如播种、除"五毒"等特殊节令中进行仪式化的剪纸外，再无关于农业题材的剪纸活动了。只有在年关，涉及农务的剪纸才一股脑地出现。播种、施肥、浇水、收割、拾穗、打场、扬场、归仓等不同阶段的劳动在同一时刻呈现出来，汇成一幕丰收的图景。陕北的丰收总是有特殊形象的，红通通的大枣、金灿灿的玉米棒子、粗粝的麻袋，以及憨厚的陕北老汉和温顺的毛驴，构成一场定格的陕北丰收大戏。

婆婆的异度世界

陕北自古就出艺高的剪窗花女子,剪窗花是陕北妇女们难得的娱乐以及施展自身才艺的活动,也是她们精神寄托的方式,几乎所有的妇女都有一个盛放剪纸工具的笸箩。陕北家庭的劳动分工是不公平的,男人似乎只主外,女却既主内又主外。陕北的妇女是纯粹的劳动者,平地、下种、收割、驮运,一样不少,一年到头基本上都是忙碌的体力劳动,非常辛苦。只有到了有喜事和年关的时候,妇女们才有了舒展内心情感的机会。其中,最让她们舒心的莫过于剪窗花了。窗户、窗花几乎成了妇女们唯一的精神寄托,成为她们表达幸福、施展才艺的载体。她们用剪刀,在大红纸上剪出一幅幅窗花,真正地得到生活的享受和精神上的

陕北婆姨的剪纸工具

愉悦。只有看到亲手剪出的窗花，她们才能感觉到自己还是个心灵手巧的女人。剪纸不同于务农劳动，它并不是妇女必须的，但是陕北的妇女都喜欢剪窗花，愿意剪窗花，也擅长剪窗花，窗花成为她们最离不开的亲密伙伴，更是她们诉说情怀、表达内心世界的方式。

实际上，剪纸在陕北有着特殊的地位。它是窑洞的一种装饰物，在陕北人心里却是神秘力量的载体，有着十分浓重且强大的巫术功能，陕北人对此深信不疑。旧时，陕北人就用剪纸娃娃来招魂。在为人招魂的仪式活动中，使用特定的"招具"是必不可少的，这个"招具"就是剪纸作品——招魂娃娃。

巫术观念对陕北民间剪纸艺术产生深刻的影响。在陕北，老人们都有一定的巫术经验和知识，并习惯以类似巫术的方式来处理或对待通过正常实践手段不能改变的事态和境遇，因此社会上保存着、流传着丰

剪纸的婆婆

富的鬼神故事和许多带有原始巫术色彩的法术和规矩。陕北老婆婆凭借带有巫术性的这种特殊经验和知识采用特殊的方式去和一个特殊的世界对话，剪纸就是连接特殊世界的媒介和纽带。

在陕北窑洞的窗户上，处处展现着祈福避邪的窗花。婆婆剪"福寿禄""年年有余""五福捧寿"，为了纳福，祈盼新的一年五谷丰登，全家幸福、安康、富裕；剪"瓜子娃娃""守门娃娃"，为了防瘟疫、保安康；剪门神、"纸人人"，可防鬼怪妖魔入室；剪老虎、狮子用以镇宅。再如婚嫁时，剪"麒麟送子""莲生贵子""蛇盘兔"等纹样，祈盼早生子、多生子、人丁兴旺。另外，陕北民俗中还有将剪纸娃娃烧化在水碗，喝进腹中的情况，用以驱魔治病。更有巫婆"骑着纸马下阴间"的巫术活动。这些民间剪纸，在陕北人眼里有着某种不能为日常使用理性和实用技术所左右的超自然力量和能力。正因为这种观念，每当人们遇到"困惑"之事时，人们更愿意和依赖巫术性的艺术手段，以期影响和支配那个特殊的世界及超自然力量，最终来满足心中祈愿。

陕北婆婆"心"中的世界里充满精神与物质的自由，他们相信在这个空间里，生物与非生物之间，灵魂与肉体之间，生与死之间没有界限；

剪纸的婆婆

第三章 窗花上的农耕文明

招魂娃娃　　　　　　　　　鱼娃娃

物品与形体之间，存在与虚无之间没有逻辑关系。婆婆们为自己创造出一个世界，并在这个世界里自由翱翔，她们将直接关系到人类的自然物（包括动物、植物）和自然力神化，求得它们的保佑。万物有灵引导人们幻想从未见过的神灵的形象，作为巫术的工具，此物与彼物形象结合的图形被不断地创造出来。除了中国传统的龙、凤、麒麟、天禄等外，在陕北民间我们可以经常看到各种各样离奇的艺术形象，仅在陕北剪纸中，就可以看到大量的抓髻娃娃、佛托妈妈、生命树、倒吊驴等个体形象，以及人兽合体、人鱼结合、人怀蛇、人模鬼样，甚至不可辨认又说不清楚的怪异形象。

这种意图使得窗花的剪铰具有目的性和功利性作用。这种"缘事而发"的剪铰是建立在个体意图的基础上的，个体由于遭遇和心理构筑的不同，使得剪的窗花产生了极大的差异。有的婆婆是为了塑造她们"心眼"观察的世界，故把看不到的、不存在的、拟人化的事物视觉化。例如有的婆婆剪好作品后，看到自己创造出的这个"世界"，高兴极了，她们体验到了作为"创世祖"的高尚和伟大，灵魂得到了极大的升华；有的婆婆是为了体验创作自由的快感，每当闲暇时，无论高兴或者痛苦，

就将内心世界用剪纸表现出来。这种剪纸是自我欣赏的艺术，剪纸的创作就和陕北信天游一样的"随心走"和"穷乐呵"，剪纸人想怎么剪就怎么剪，不受任何人限制，所以它的最大特点是个性强烈。而这类剪纸也常常是剪纸人情感抒发的手段，疏导情绪的通道，寄托灵魂的居所。例如陕北著名的剪纸艺人刘兰英一直在剪纸的世界里寻找温情，她把生活中的不幸和伤痛都抒发在剪纸活动中，将内心的委屈、孤独都化解在剪纸创作之中了；另一剪纸名人常振芳也是一直沉浸在她的剪纸世界里。早年生活的艰苦与辛酸，孩子夭折的苦楚，以及无处诉说的恐慌与无奈，让她选择了逃避，而剪纸却给她提供了一个美好的世界。

这种有意图的创作，使得婆婆获得了极大的自由，其中包括她们对式样选择的自由，艺术形象选择的自由，形象塑造方式和手段的自由。这些自由，带给婆婆一种精神享受，那就是创作过程的精神享受。她们剪窗花时"游心于道"而忘却自我，达到现实世界的"无己"精神状态和放空的心境，做到庄子所说的"心斋"与"坐忘"。这样的创作让婆婆体验到了一种痛快的、随心所欲的行为自由以及对自身生命主宰和把握的尊严和价值。在陕北，很多婆婆剪窗花是为了忘却现实世界中困扰她们精神和肉体的痛苦，剪的过程中，慢慢忘却烦恼，变得平静。

窗花中的生殖信仰

建立在农耕文明基础上的民众生活追求是十分朴素和功利的，本质上就是对生命的热爱和对生命延续的追求。在农耕社会，生命力是生产力的象征，而生产力的多少又是生命力能否延续的保证，所以在民间多子多孙就是一个家族和群体生命力和生产力强大的证明。这就使得早生子、多生子成为民间人们生活追求的最重要目标之一，长寿和子孙满堂成为大多数人的人生目标，这种人生目标反映在日常生活和活动中就是对实现求生、趋利、避害的追求。

在陕北，窗花的内容和形式十分庞杂和丰富，诸如兽类中的狮、虎、鹿、兔、猴等；鸟类中的鹰、鹊等；植物类中的牡丹、石榴、桃等；人物活动场景类型中的娃娃坐莲花、鞭春牛等；以及各种组合。它们大多数自从诞生开始就是服务于民众世俗生活的生命诉求的，在数年的发展过程中基本上不曾脱离过它们的这一"使命"，共同地表现和肯定着民间生活对"恒常主题"的追求——对幸福生活的各种追求，尤其是对祈子延寿、多子多孙的祈盼。

陕北人将生殖、繁衍、性爱等生命诉求都依附在剪纸活动和窗花中。例如在嫁娶时，在新人嫁妆上的双喜图案，在窑洞窗户、室内、器具上贴的剪纸团花，在"上头"仪式用的"儿女馍馍"面花上贴的对鱼、对鸟等图案，绝大多数都是"男女耦合""早生贵子""多子多孙"的寓意和主题。此类表达在剪纸中不胜枚举，如石榴寓意多子，鱼戏牡丹寓意男女之情，蛇寓意能产，鸡寓意多产，等等。

1. 抓髻娃娃（"喜娃娃"）

在陕北，抓髻娃娃是象征繁衍子孙的人形剪纸，结婚时贴在洞房里，有早生贵子、多子多孙之意，一般称为"喜娃娃"或"喜花"。这种喜花，在陕北农村地区的变体非常多，样式十分丰富。如有独立的娃娃、拉手的娃娃，还有比较有特色的是莲花图案随着佛教的传入广泛流传以后，出现的娃娃坐莲花样式的"莲花人人"，陕北民谚"娃娃坐莲花，两口子好缘法"，寓意婚姻美满、子孙长续。这在陕北也叫作"娃踩莲"，是生殖繁衍之神的抓髻娃娃（鸡）和子孙繁衍的鱼莲结合起来的形象组合。它的内涵主要是生殖繁衍的原始观念。这些喜娃娃的显著特征是夸大、突出生殖器官，主要包括：一是赤裸裸地正面夸大、突出女性和男

娃娃坐莲花

性生殖器官的形象特征；二是把男阳女阴自然形象特征抽象化为符号，以符号隐语突出女性和男性的生殖器官。比如"云勾子"和"挂钱"的上下组合、"云钩子"和"挂钱莲花"的上下组合、男阳胜和象征女阴的莲花的上下组合、象征太阳和男阳"十"字符号与象征女阴的"椒刺刺"符号的上下组合。

2. 扣碗

扣碗是陕北窗花中常见的生殖题材。其形象为上下相扣、饰满纹样的一对碗，常常出现在新婚的洞房里。据专家考证，扣碗与古代"合卺之喜"有着密切的关系。《礼记·昏义》载："合卺而酳。"孔颖达疏："以一瓠分为两瓢，谓之卺。婿与妇各执一片以酳，故曰'合卺之酳'。"陕北剪纸扣碗上半部是一只男蛾的装饰纹样，周围是象征男阳的"卐字不断头"的图案；下半部是一只饰双乳女阴女蛾，周围是象征女阴的"椒刺刺"图案，曲折地表现阴阳结合，化生万物，早得贵子。

3. "喜"字

婚俗剪纸是陕北剪纸最为重要的部分。婚俗剪纸用大红纸，专门贴于或摆放于结婚时的家具、箱柜、被褥、礼品之上，充满了喜庆。其中"喜"字是婚礼中必不可少的，帐房窑内、新婚物品、大门、窗户格子、迎亲的沿途都需要它装饰。婚嫁贴"喜"字很讲究，女方家要贴"禧"字，表示喜庆、吉祥，男方家则要贴"囍"字。双喜字是民间创造的字，寓意喜上加喜。在剪"囍"字时，还要将钱纹、瑞兽、花鸟等形象组合起来，越发增加喜庆气氛。

4. 象征符号

瓜 古时以葫芦做笙，后来取其谐音，以笙为生，即生孩子的意思。后因葫芦浑圆封闭，形似育儿母体，葫芦籽粒多，便又象征繁衍人类的女体，成为子孙繁衍的象征，是人之初祖。这一符号的生成来自我国古代先民的生态认知，《诗·大雅·绵》中有"瓜瓞绵绵，民之初生"之句。大瓜、小瓜相继而生，藤蔓缠绕，绵延滋生。人们由此而联想到自身的繁衍，故而以瓜瓞绵绵来寓意子孙昌盛，人丁兴旺。民间有《瓜瓞绵绵》剪纸。

石榴 石榴籽粒丰满，中国人视石榴为吉祥物。古人称石榴"千房同膜，千子如一"。在民间，人们常用"连着枝叶、切开一角、露出累累果实的石榴"图案，以象征多子多孙，谓之"榴开百子"。陕北婚嫁之时必剪"石榴百子"的窗花。在陕北剪纸中，牡丹主要寓意女性，常与象征女性的物品搭配表达男女配对之意。民间有《凤凰戏牡丹》《石榴赛牡丹》。

老鼠 陕北剪纸中，老鼠往往象征男性，可以理解为繁衍的符号。民俗剪纸《老鼠嫁女》，其最初功能是祭祀生殖神子鼠，目的是祈求结婚早生子、多生子。而《老鼠合抽烟》，以"烟"谐音"姻"，"合抽烟"即结婚之意。《老鼠爬蜡台》《老鼠偷油吃》用众多老鼠"爬登"和"偷吃"的动态象征性爱、繁衍。而在《老鼠吃南瓜》《老鼠吃葡萄》《老鼠吃麦穗》《老鼠吃石榴》等剪纸中，人们看重的不是南瓜、葡萄、石榴等物的外形，而是它们里面的籽。他们把南瓜、葡萄、石榴等看成母体子宫,把里面的子看成子孙繁衍,以此象征多子,祈求人类繁衍不断,子孙满堂。

喜狮子　剪纸中的狮子大多用于婚嫁喜花,也称"喜狮子",常成双成对出现。陕西有"对对狮狮对对莲,二十三四儿女全"的民谚。另外,因"狮"与"事""嗣"谐音,所以常见的狮形瑞图有象征着"事事如意"的双狮并行,表示"好事不断"的狮佩绶带,以及祝愿"子嗣昌盛"的雌雄狮子伴幼狮等。其中的"狮子滚绣球"的样式,狮子象征男性,绣球象征女性。

鸡　鸡在陕北婚俗剪纸中喻阳喻男,有送子的寓意,陕北传统剪纸中有《鸡衔鱼》《金鸡探莲花》等,这里鸡为阳,鱼、莲花为阴,喻男女相合,生殖繁衍,并有"金鸡探莲花,两口子好缘法"的吉语。陕北剪纸中鸡的这种寓意最多,也最为古老,是近千年来原始生殖繁衍观念的遗留。

猴　在陕北剪纸中猴被认为是人之始祖以及繁衍之神,以猴喻人的剪纸极为普遍,如《猴吃桃》《猴吸烟》《猴上树》。

鱼　鱼在陕北民间剪纸喜花中最多见,有《鱼戏莲》《鱼唆莲》《鱼变娃》《鸡衔鱼》等纹样。在民间寓意中,动物的阴阳观念可随组合对象的不同而互换。如鱼在《鱼戏莲》中喻阳喻男,而在《鸡衔鱼》中却喻阴喻女。鱼莲组合,是民间常见的生殖象征形象,在中国农村特别是文化相对封闭的陕北地区,相关题材的剪纸比比皆是。

第四章

窗格上的幸福生活

客观地讲,旧时陕北人的物质资源和精神生活都是十分匮乏的,大多数人处于缺衣少食的境遇。然而,他们似乎特别地能接受和适应这种生活,对自己及周遭的种种苦难和不幸视而不见,能以强大的精神动力支撑并维持着艰辛的生活。他们天生对苦难有一种免疫力。在外人看来或许会感到震撼的生活境遇,他们却不以为意,依然乐呵呵地划拳、喝酒、唱信天游,表现出一种平常心和乐观精神。陕北人不会将自己放置于浩瀚的历史潮流中,也不与精彩的外部世界来对比,或许他们根本就不知道这些讯息,他们只会参照村头或者隔壁人家的生活,投入到祖祖辈辈沿袭下来的日常生活当中。他们不需要新鲜的东西,那些欣赏了几十遍的秧歌、说书、唱戏等活动,尽管内容年年相同,却看得、听得有滋有味,让他们非常满足。

陕北人只遵循陕北的文化规制,只做陕北式的"安贫乐道"者。在这里,他们关注的或者构建出的人生使命就是繁衍后代,延续血脉。无

陕北说书

第四章 窗格上的幸福生活

陕北戏剧演出

悠闲的陕北老人

论是一个男人还是一个女人，个人的人生价值和生命使命仅仅建立在能否生出儿子以及能否再让儿子有儿子。一个陕北男人，如果他有了儿子，并给儿子娶了媳妇，就算人生圆满了。尽管年龄不过五十，但已觉得是功成名就而"不思进取"了。生活上得过且过，精神上悠然自得。因而在农闲的冬日，陕北人总是三五成群聚于某家的窗户之下晒太阳，他们身披羊皮袄，头缠羊肚子白手绢，或蹲或躺，一手执烟锅，一手执烟袋，一个劲地"吧吧"抽烟，直至天晚方尽兴而归。

特殊的社会形成了陕北人洒脱的性情，不好强、能吃亏、安于现状、自得其乐。他们一出生就被赋予了可知的命运，他们要围绕窑洞展开生命传递的使命，要在这里构筑自己的生命价值和世俗生活。因而，陕北人是十分虔诚和严谨地对待窑洞的，他们将毕生的精力和心血投入到窑洞的修建、门窗的制作安装以及一年又一年对窗户的装扮上，终身守候在这里，享受窑洞带给他们的安全、平静和肉体生命带给他们的快乐。环境和思想观念束缚住了他们博取功名或建功立业的雄心，这反倒让他们更多地沉浸在人本体的生命体验的意义中，获取到了人本真的价值。他们重现实、重世俗、热爱生命，热爱生活，也确实收获到了比其他地方更多的人性和伦理上的快乐，演绎出饮食男女的精彩生活。他们会为多打一石粮食而欢欣多日，为一顿美餐而乐不可支，为一场大戏喜笑颜开；他们关心春雨的时间，冬雪的厚度；他们熟悉鸟语花香的气息，瓜甜果香的滋味，锅碗瓢盆的声响。这许许多多的体验最终都积淀在窑洞的空间当中，抑或又都化成陕北人的丝丝心绪，体现在窑洞的窗格子上，反映在高高挂在窑洞面上的大玉米棒子上和油红鲜亮的辣椒串子上。围绕窑洞的一切事物都是陕北人获取人生乐趣和愉悦生命体验的源泉，而这一单纯的生命欲求，带来了最为简单、最为朴素的快乐，或许也就是最真实的快乐。这就是陕北人幸福生活的真谛。

剪纸婆姨的地盘

窗格格是个天地,是陕北婆姨的幸福天地。无论是剪窗花、补门帘、做针线活,还是拉话话都能把婆姨和窗户联系在一起。陕北地处一方,经济勉强自给自足,物质与精神娱乐都是极度缺乏的。农闲时刻,男人们都是出去喝酒、打牌、侃大山。婆姨们则三三两两串门,坐在靠窗户的门炕上谈家常、做针线活。阳光透着窗纸照进来,亮堂堂的、暖洋洋的,

窗户下剪纸的婆婆(马树槐摄)

非常适合她们在这里活动。窗户保护她们的私密空间，为她们提供一方静谧的天地。又因靠着窗户，她们可欣赏到院内，甚至村落的景致，扩展了她们的视野。传统的规制使陕北婆姨们没有太多抛头露面的机会和自由，除了外出干农活外，她们似乎只能待在家里。陕北窑洞限制了婆姨们的行动自由，但是却没有限制住她们的眼睛和心灵。只要坐在窗下，她们就能感觉到女性的安逸，体会到拥有一方天地的温暖，观察到窗户外的景，构筑出她们心中的世界。

门炕为婆姨们提供着较好的视野，窑洞门窗座窗上的几块玻璃小窗，就是为坐在门炕上的人观看室外安装的，它对于陕北婆姨来说太重要了，就像一扇打开陕北婆姨生活空间和心理空间的大门。拉开玻璃小窗的布帘，就拥有了另外一个世界。有了这些小窗，陕北婆姨就不再觉得她们是与世隔绝的，而是整个世界都是她们的了。很多陕北的窑洞都是一排

门窗下闲聊的陕北婆姨

排地坐落在山坡上的,面前没有任何遮挡物,视线可至几里外的另一个山坡。所以,坐在门炕上,婆姨们就能看到外面的一景一物:近处院落里高高的玉米架、草垛,还有飞来飞去的麻雀,喳喳叫的喜鹊,都能一览无余;而晴天的时候,远处灰蒙蒙的山、蜿蜒的小道、棉花团似的羊群、若隐若现的人家也能尽收眼里。

陕北很多院落是开放式的,没有院墙,坐在门炕上就能看到门前路上往来的人。一旦看到熟悉的人,一场分割于门窗两界的对话就开始了。无论是去村口水井的担水人,还是来硷畔抱柴火的邻家婆姨,都会一来一往地聊上半个时辰,有时聊得投机,索性放下活计一同盘腿坐在炕上,或者干脆搬出几个小凳,放在窗户下,一同倚靠着窗台,晒着太阳火热地聊起来。婆姨们也知道什么时候该回家,哪怕在室内,透过窗户观看或者直接观察投在窗格子上的影子,就知道太阳的位置,判断出时间的迟早了。当透过窗户的光线暗下来的时候,邻家婆姨知道时辰不早了,男人们也该回来了,要准备晚饭了,就依依不舍地告别了。陕北婆姨的生活世界是围绕着陕北窑洞窗户的,门窗是沟通陕北女人与世界的特殊物体。坐在门炕上,就拥有一个世界,就能掌握世界的变化,就拥有一个美妙的世界。因而,陕北婆姨对窑洞门窗是充满感情的,门窗是她们最为亲密的伙伴,只要靠着它就是温暖的,就是安全的、自在的。在孤独寂寞的时候,她们静静地守候在这一方天地里,嘴里念念叨叨,向窗户倾诉,思绪却穿透门窗,飞到千里之外。高兴的时候,就把剪下的窗花张扬地贴在窗户上,窗户被装扮得花色斑斓,就如同她的心情。苦和痛的时候门窗也就静悄悄地陪伴着她,与她一同承受不幸。

陕北的婆姨是非常朴实和内敛的,特别在生活上和情感上,无论多么不幸,她们总是以殉道的牺牲精神委曲求全。许许多多的陕北婆姨在毫不了解对方的情况下嫁到了陌生的地方,嫁给了陌生的男人。"嫁鸡随鸡嫁狗随狗"是陕北人遵循的古训,陕北婆姨一旦成家,从此就再也不能离开。她们会花一生的时光，将陌生的地方变成最熟悉的地方，将陌生的人变成最熟悉的人。尽管有的人遇人不淑，或者命运多舛，一生流尽了眼泪，过着贫苦和悲惨的生活，但是也决不离开。陕北婆姨不与自己的不幸命运抗争，她们常把自己的爱全心全意地付诸操持家务和生儿育女当中，如若不可，她们又将爱付诸剪窗花、缝布老虎、蒸面花燕燕的文化活动当中。每当看到孩子们快快乐乐地生活，或者看看自己亲手剪的窗花、亲手做的布老虎，她们就获得了莫大的安慰。她们蹲在窗户下给小孩子一口一口地喂饭，站在窗户下看着孩子一步步走远，或者将窗花、面花、布老虎、花门帘统统地"安装"在门窗上，以此来完成自己的人生使命，塑造自己的生命历程。反过来，窑洞门窗也回馈给陕北婆姨无限的欢乐，这小小的一方天地，大大地丰富了陕北婆姨的生命厚度，为她们抒发情感、施展才艺提供了最佳的阵地。围绕窗户的生活和活动，使陕北婆姨获得了作为女人该有的情感宣泄渠道，带来了许许多多精神上的愉悦和享受。陕北的婆姨们已经把自己的命运和窗户紧紧地联系在一起了，注定难以分离。

年的味道

　　陕北的窗格子从来就不仅仅是一扇界隔室内外的物理构件，它还在诸多的节庆民俗活动中扮演着承载装饰物的重要角色，承担着烘托节日气氛的任务。在陕北最为重要的节日——过年的时候，窑洞门窗更是营造年味、渲染热闹气氛的重要载体。其中包含有一系列事项和活动，如糊窗纸、贴对联、贴窗花、挂灯笼等，这些事项和活动共同演绎陕北年的滋味，将陕北过年的热闹气氛推向高潮。

糊窗户的麻纸

第四章 窗格上的幸福生活

每年年关前几天，陕北各家各户都要重新裱糊窑洞窗户纸，以示新年新意。陕北窑洞窗纸用的是传统的麻纸，麻纸既不同于现在常见的白色粉连纸，也不同于文人学士写字的宣纸，而是陕北制纸工匠就地取材制造的一种"土纸"。这种纸虽不像宣纸那么白净，但却很结实柔韧，再经过胶油、桐油和盐水等喷涂处理，就具备了很强的防水防潮性能，既不怕雨雪，也不怕室内的水蒸气，贴在窗户上半年不成问题。麻纸背面较正面粗糙且有草棍等黏附，质地坚韧，还带有很多细密的小毛刺。所以，糊窗子也是苦差事，只有长有粗茧的手才能适应。经过几个月风吹雨打，窗纸已经破旧，留下很多孔洞，也多了不少的"补丁"，而这时窗纸也变得灰暗，屋子也阴暗了许多。所以年关来时，一定要重新糊窗纸。糊窗子要全家动员，孩子们也要打下手，帮着递东西、按纸、"刮

门窗上的 陕北文化

有补丁的窗户

窗子"。工作之前,大家将铺盖卷儿、家什、炕毡盖住,头上包上头巾或戴上帽子,然后才开始糊窗纸。首先要撕掉旧窗纸,小孩子最喜欢这道工序,他们用指头挨个捅破纸格子,不到一会,一架窗户已经是千疮百孔,太阳一照,家里光影斑斑,这样孩子们就算完成任务了。他们只是喜欢这种破坏,不管善后工作。家长则一丝不苟的撕掉所有的纸片,然后用长条扫帚扫掉留在每个窗格子上的积土,再用刀片刮掉木格子上已经干硬的旧糨糊疙瘩。接着开始糊纸,男人先拿整张麻纸和窗棂比画,确定大小,拆掉多余的部分。主妇则提前做好糊窗户的糨糊。传统的糊窗糨糊用白面做:舀半铜马勺白面,加水搅拌成稀糊状,再搁到铁炉子

第四章 窗格上的幸福生活

糊窗户

上边加热边搅拌，一会儿工夫糨糊就变稠变黏，成为熟糨糊，然后就可以使用了。男人用大毛刷子把糨糊均匀地刷在靠窑里面的窗格子上，把先前拆好的合适的纸覆盖在上面，扯住纸角，使纸绷直，再用手掌顺着格子慢慢地将纸按在窗格里棱子上，使纸和木格子紧密粘贴，不留下空隙。最后，再用干净的大扫帚将窗纸打一遍，使窗纸平展。新窗纸糊好后，窑洞屋内顿时亮堂起来，家也变得干净多了，人的心情也变得愉悦起来，过年的气息就来了。

窗纸糊好后，后续工作也紧跟上来，那就是贴窗花和挂灯笼。冬季农闲的时候，陕北婆姨们就开始隔三岔五地剪窗花。过年所用的窗花与婚俗所用不同，多数为喜庆、平安、发财等题材，如蛇盘兔、石榴牡丹、瑞狮、瑞虎之类；形式也是多种多样的，既有大团花，大如草帽，又有小角花和小单体，似扑克牌。窗纸糊好一两天后，就要把窗花贴上去。窗花要贴在麻纸的外侧，因为它主要是给外面人看的，但是在阳光照射下，屋里人透过薄薄的窗户纸也可以看到，颇有皮影戏的感觉。婆姨们先拿出夹窗花的纸本子，翻开本子将窗花一个个揭出来铺到炕上，比照窗户，安排窗花的位置和搭配方式，然后就开始贴窗花了。一般情况下，重要的位置，如天窗、座窗中间要贴几组对称的大团花作为主景，再在夹耳窗、斜窗和座窗的四周安排小窗花，一般也是对称贴的，也有将同一主题的几个小窗花组成一组贴的，如十二生肖、狮虎兽、瓜果菜等。贴好窗花，窗户变得花色斑斓，一种春满人间、万象更新的感觉就出来了，人们也不由得心花怒放、内心澎湃和欢欣起来。

过年贴窗花不仅是装饰家庭、美化环境、增强过年的节日气氛，而且还是展示陕北婆姨心灵手巧的机会。届时，邻居媳妇、姑娘及剪纸能手，都要互相串门，相互参观品评窗花。大家三五成群地聚在窗户下指指点点，欢颜笑语，看到好花样便争相索要。如果谁的窗花受到大家好评，那是很得意的事情。

挂灯笼总是同贴窗花一同完成，因为它可乘着贴窗花用高梯之便利。灯笼挂在窗户最高的地方。从窗户天眼里支出一根短棍，灯笼就挑在棍头。旧时陕北红纸灯笼里面吊一煤油马灯，到晚上才能点着挂上去。马灯彻夜不灭，夜间只见村落点点星火，散落其间，火随风动，忽大忽小，摇曳不定，倍有神秘感。如今都是清一色的灯泡，外罩红灯笼，夜间家家户户的红灯笼亮起来时，同有一番意境，且更为辉煌。

贴对联是除夕那天才能做的事情，但是写对联是可以提前进行的。过去陕北村里识字的人不多，会写字的人更不多，很多人只会写自己的名字。因而，大多数人家的对联是要求别人写的。于是腊月下旬，写字先生的家里就热闹起来，大家陆陆续续地前来求对联，写字先生也不推辞，好像这工作就该是他的。有的人自有想法，定好内容要他写出来，但是大多数都是随先生的意，只要内容喜庆红火都行。陕北对联有特殊的贴法，每孔窑洞的门窗都需要两副对联，一副贴在天窗两侧的框上，另一副贴在门框上，另外，大门上也要一副。因而几架窗户下来，加上窑内墙、家具、粮囤上，以及室外碾磨、猪羊圈上贴的，一家就需要二三十副。所以写字先生的屋内地面上、炕上甚至锅台上都铺满了晾墨迹的对联，蔚为壮观，墨香扑鼻。陕北人贴对联似乎只为图个热闹，多数陕北人既不识字，又不懂对联的讲究，认为只要不把对联贴歪就可以了。所以到年三十上午贴的时候，很多人弄不懂哪个贴在哪里，一副对联能贴出来几个版本来，上联与下联混贴的也是常有的事。最有意思的是，还有人家将字都贴倒了还浑然不知，直到第二天被挨家挨户念对联的小孩子认出才知道，让人想起就窃笑不已。

在窗户上营造年味的活动终于完成了，但是又迎来了最为繁忙的事情，那就是备茶饭。无论是猪、羊、鸡、鱼，还是陕北特有的油馍馍、炸糕、丸子等过年和正月吃的各种肉品和佐食都要在这天做成，然后冷冻在仓窑里，以便以后的日子随吃随拿。因而这天的工作量是很大的，通常家里的几个人和几口锅都要上阵,有专门负责蒸煮的,有专门负责油炸的,等等,忙得不可开交。由于陕北窑洞内没有抽烟换气的电子设备,做饭产生的水蒸出不去,窑洞内雾气腾腾,影影绰绰。只感觉里面人形晃动,雾气缭绕,香气扑鼻。陕北人在糊窗户的时候在天窗最高的部分预留出一个一尺见方的空白,这里不糊纸,用来换气。但是对于做年饭产生的蒸汽是全然无效的。这时人们已经把它开到最大,门也完全敞开,门帘索性直接摘掉,然而效果却并不显著。站在庭院里或者脸畔上,只见家家户户炊烟袅袅,门里散出来的雾气又浓又密,缓缓升向天空,散发开去。此时整个村落香味四溢,笼罩在一片香气之中,让人垂涎三尺。

至此,陕北传统过年的各项准备工作就基本做完了。此时窑洞窗户就是一幅绝妙的风俗画。洁白的麻纸与木色的窗棂形成鲜明的对比,花

过年时装扮过的窗户

花绿绿的窗花和大红对联将窗户装扮得五彩缤纷,再加上喜气洋洋的大红灯笼和崭新的花布门帘,渲染出来极为浓郁的年味,并将喜气注入每个人的心扉,大家都变得异常兴奋和激动。夜间,窑洞内外灯火通明,红灯笼随风轻轻摇曳,站在屋内看窗户,映射在窗纸上的窗花也摆动起来,似乎那些花草鸟兽都活了,要蹦出来与人们一同喝酒唱歌,过个红火的大年。

新婚夜,听门时

结婚对于一个陕北人和这个家庭来说是一件极其重要的事情。传统的陕北婚礼是非常严谨和热闹的,其中有许多程序和环节,包括扮门窗、吃酒席、迎亲、上头、闹洞房、听门,等等。闹洞房是陕北传统婚礼中不可缺少的一个环节,可以算作是婚礼的又一高潮。陕北人认为闹洞房除逗乐添加乐趣之外,还有驱逐邪灵阴气的功能。陕北有俗语:"人不闹鬼闹",意思是说通过闹洞房,增强人的阳气,驱逐邪气。然闹洞房最为积极的意义可能是对新人的性启蒙和"热身"。陕北旧时代男女结合多是经人介绍,相互之间比较陌生且年龄小而不谙人事,闹洞房的目的就是让他们消除陌生感,并通过系列的"节目"使两人既有身体上的接触,又有了关于"新婚夜"生活的启蒙和初步预演。闹洞房家长不能参与,只能在另一处待着,其他人则在"闹洞房不分大小"的幌子下嘻嘻哈哈地涌进新房。无论长辈、平辈、小辈,都聚在新房中,他们不断地取笑捉弄新人,要求新人做出各种难为情的动作,戏闹异常,多无禁忌。新房内人声鼎沸,哄笑不止,常常夜半还是如此。

闹房人走后,新房安静了,婆婆要来擤儿女馍馍。那是陕北人专门

门窗上的陕北文化

准备就绪的婚房

做的花馒头,夹带着核桃、枣、瓜子仁等物品,从窗格子里丢进洞房里,婆婆还要念念有词:"双双核桃双双枣,双双儿女满炕跑,生小子是好的,穿蓝衫戴顶子,生女子要巧的,石榴、牡丹冒铰的,站下一阵子,坐下一凳子,夫妻相和一辈子。"据说听到动静,两口子要争着捡起来吃,谁拣得多,说明谁麻利、精干,这些都是盼新人早生之意。丢完儿女馍馍,新房门前听门的人便接近了。

事实上,听门是闹洞房的延续,也是能耍的人才听的。陕北的新婚夜是要人去听的,没人听的新房被认为会生哑巴。因此,如果真的没有人听门,新人也要将新房的窗户纸撕破几处,做出被人听过门的假象,算是"掩人耳目"。当然,这种情况是极少的。旧时,陕北农村的文化

热闹的婚礼（李书书摄）

精神生活是非常稀少和单调的，听门是一件极其重要和有趣的活动。听门，一方面能为无聊生活带来一些生气，填补年轻人空虚的精神生活，另一方面能满足年轻人对新郎新娘房事的偷窥好奇心，尤其对于光棍汉们来说，这种可以光明正大实施的活动，是绝好的机会，也绝不会错过。

  于是，光棍们、调皮的人，还有几个不懂事的小孩子便凑在一起计划安排听门事宜。他们是不会太早去的，定先在另一个地待着，或打扑克，或玩游戏，以此来消磨时间，直到半夜，才出发。陕北的夜很冷，但是依然阻挡不了听门人的热情。只见大孩子鬼鬼祟祟、蹑手蹑脚、屏气息声地移动脚步，如同做贼一样。有时候为了避免鞋底和地面摩擦出响声，要走一步、然后停足三步的时间，每迈出一步时，都是小步，要脚尖先落地，脚后跟跟着缓缓落地。而最为有效的方法是直接将鞋脱掉，但是要忍受冰冷的地面和拎鞋的麻烦。到了窑洞窗户下，要么就蹲下来竖着

耳朵听窑洞里面的动静,要么吮一下手指,慢慢地在窗户纸上捅开几个洞,偷偷地观察。

听门有时是一件苦差事,听门的人既要忍受夜的寒冷和保持身体静态而导致的腿脚麻木,还要忍受难熬的睡意。更难以接受的是经过几小时煎熬,可能"一无所获"。新婚夫妇在忙完一整天的婚礼事宜,应付完闹洞房客人后,已经筋疲力尽,因而两人可能在你一言我一语的聊天过程中睡着了。当然也有小两口"反听门"的,故意不漏声色,这样听门的人自然就听不到任何动静了。在这种情况下,听门人是非常着急的,他们不甘就这么罢了,在一等再等的忍耐之后就会做出出格的事情来。

骚扰的办法无非还是传统的那一套,光棍们怂恿大孩子将辣椒面点燃后放在门缝里熏主人;或点着湿柴草,把浓密呛人的烟从捅开的窗纸洞里扇进去,也会把点燃的柴火从窑洞的烟囱里塞进去,然后盖上一块石板,或者干脆就往烟洞口里倒上一桶水。总之,就是想各种办法,搞得新婚夫妇睡不成觉。当然做这些事情已经不是偷偷摸摸的,这种近乎恶作剧的行为似乎也是听门的一项"节目",外面毫无顾忌地行动,里面叫苦连天地求饶。对于主人而言,听门是完整婚俗活动的构成,有人听门在陕北人看来,似乎还是一种吉祥和热闹,没有听门的反倒有些失落和失面子,因而听门闹得过分,新人不能恼,父母也只能睁一只眼,闭一只眼。当老人实在是看不下去了,便不得不出面把这些人赶走。听门的人也觉得过了瘾,一哄而散。

但是,故事还远远没有结束。第二天,人们还要交流听门的成果。一旦行动成功,听门的人就有了谈资笑料,并且添油加醋地演绎。如果没有成功,这些人也绝不会承认,必将杜撰出更加精彩的故事。他们聚集在人群中,以更露骨、更"性感"、更直白的词汇描绘发生的事情,说者煞有介事,听着将信将疑。如果故事传到新人耳里,新人也是哭笑不得、百口莫辩,只能骂几句"这些龟儿子"。

听门大概就是陕北农村的娱乐项目了，听门给寂寞的乡村增添了一些趣味和色彩，给传统的农耕社会增添了娱乐的氛围。听门是听别人的私房话，是窥私活动，它只能在陕北特殊的居住环境中才能实现。陕北的窑洞院落尽管有墙体围合，但是并不能阻挡人的进入，而陕北窑洞窗户的构造形式也不能带给窑洞内部高的隐秘性。窑洞门窗的隔音效果很差，薄薄的窗纸也是一捅就破，内部的空间一览无余地暴露在窥视者眼前。由于陕北婚俗文化的指引，加上陕北汉子粗犷率直的性子与情感宣泄欲求，听门活动便一次又一次地上演。不要看别的，只要看看洞房花烛夜后的早晨，你就知道了昨夜里发生的事情。

此时，耳边又响起了歌声：

谁楼上打了一更，谁楼上打了一更，
房里娶过好一个新人，今夜晚二小妹倒把个新门听。
谁楼上打了二更，谁楼上打了二更，
身穿上红袄袄放了个慢步行，圪溜在墙根底倒把个身隐定。
谁楼上打了三更，谁楼上打了三更，
手扳着窗棂仔细听，西北风呼呼吹得奴家脸蛋蛋疼。
谁楼上打了四更，谁楼上打了四更，
满天的乌云遮了个黑洞洞，雪花漫天飘到奴家身。
谁楼上打了五更，谁楼上打了五更，
东方方扯梢窗纸儿清，冻得奴家那个小金莲儿疼。
再不要听新门，再不要听新门，
听了个新门倒把个罪受尽，哎哟一个红丝绸裤尿了个水格浸浸。
嫂嫂你快开门，嫂嫂你快开门，
今天夜里下雪又刮风，这一阵西北风冻得奴家立不定。
进了一个新房门，放了一个慢步行，

手扳上炕栏脚蹬上几蹬,把一双红绣鞋蹬了个碎粉粉。
小姑儿开言道,倒把个新嫂叫,
你二人一夜没睡个安然觉,你们干些甚奴家都知道。
嫂嫂她开言道,忙把个小姑儿叫,
我二人一夜没睡个安然觉,我两个嘴唇唇倒把个舌尖尖咬。
你哥哥呀疯了心,急得他等不定,
好说歹说说不听,把奴家浑身脱了个光溜溜。
你哥哥不算个人,压得我直喘声,
把奴家抱了个紧格绷绷,浑身身发麻困不知道哪达儿疼。
你哥哥不是个人,千说万说说不在个心,
三回五回他不肯歇心,一整夜造的奴家没睡成!

"脑畔"上的燕子窝

　　陕北的冬季是漫长和难熬的,人们总是喜欢蜷缩在热炕头上等待着春天的到来。陕北的春天是欲来又止,刚吹了几天暖风,接着又来了次倒春寒,将陕北人刚融化的心又冰封起来。然而,当燕子出现的时候,人们终于松了口气,知道春天是真的来了。果然,当人们踏入野外,发现大山已经苏醒,正在伸展着肢体,如若对着山谷吼上几声,大山就有了回响,洪亮而清晰,一波一波地回荡在山间,仿佛在传达着春讯。尽管山间还有偶尔卷起一阵冷风,暖阳却毫不吝啬地一个劲地照射。朝南的山梁焕发出勃勃生机,枯萎的草丛底部已有少许的嫩尖冒了出来,若隐若现;孤立于山间的柳枝也被暖阳催绿了许多,嫩枝随风摇曳,在苍茫的黄土地上展露出一片春意。此时的陕北大地就如一幅动人水墨画,

第四章 窗格上的幸福生活

脑畔上的燕窝

　　解冻的河水汩汩地流着，土壤变得软绵绵的，天空湿漉漉的似有如毛的细雨飘落，层层叠叠连绵不绝的山峦露出一抹抹翠绿的底色，黄土地中所有的新生命都在蠢蠢欲动。

　　毫无疑问，燕子是最早动起来的。它比其他动物更早地忙碌起来，从遥远的南方归来并不是旅途劳苦的结束，它们还无暇享受烂漫的春意，就要投入到筑巢的工作中去。在陕北，燕子是将巢安在窑洞窗户脑畔的位置的。脑畔是窑洞窗户最高的地方，上方伸出的石板窑檐和突出的窑面为燕巢提供了极好的遮挡风雨掩体。似乎是一种基因密码的驱动，所有的燕子无一例外地会把家安放在那里，我们很难在陕北窑洞窗户脑畔之外找到燕子巢。虽然脑畔是燕子最好的庇护所，然而燕子却不会遇到脑畔就急于筑巢，它们还要谨慎地选择。除了位置的优劣外，燕子更会小心翼翼地选择窑洞的主人，它们似乎懂得寄人篱下的道理，绝不会光

顾可能伤害它们的人家。因而遇到一处地方,它们要起起落落、徘徊多次,像是在考察环境,又像在试探主人。当燕子最终安下心来,筑巢工作便迅速地展开了。此时,成双成对的燕子变得更加勤快,它们不断地出入屋檐,一会衔根草,一会衔口泥,忙得不亦乐乎。燕子把衔来的泥和草茎用唾液黏结起来形成皿状的巢基,再在内部铺上细软的杂草、羽毛、小布条或青蒿叶,巢就筑成了。

有的燕子不需要筑巢,所谓"燕子归来寻旧垒",春归的燕子一定会先回到曾经生活过的旧巢。如果还是去年的主人,去年的巢还在,那去年的融融情谊一定也会还在,燕子是乐意继续在那里生活的。燕子的光顾,使主人欣慰,主人的欢迎,是燕子的幸运。回归旧巢,燕子除了获得以往的安定,也省掉了筑新巢的辛苦。但是放弃旧巢和占领其他燕子旧巢的情况也是常有的,先到先得、另寻佳处似乎也是燕子的习惯。遇到这种情况,燕子好像并不在意,抢占他人的巢心安理得,重新筑巢也乐在其中。燕子能在自家窑洞窗户脑畎上筑巢,是值得全家欣喜的事。可爱活泼的小燕子会为主人的窑洞生活平添许多生趣,会为孩子们带来许多欢乐。因此,为了获得这种福利,在孩子的央求下,大人会做"引燕筑巢"的工作,他们踩着高梯在脑畎上支出一个小台子来,作为筑巢的基础,以获得燕子青睐。燕子很享受这种待遇,一定在这里安家落户,并报以主人一年的莺歌燕语。

大致五月份后,燕子便要繁殖了,人们是不会爬上去打扰燕子的。从燕子异样的行为可以确定燕子要繁殖了:它们变得警觉,出入的更频繁,并且总有一只燕子待在窝里。半月左右,幼鸟的稚嫩叫声就传出来了,老燕每天都要消耗大量时间,发挥最好的技巧在空中捕捉昆虫来喂饱自己的孩子。燕子是最灵活的雀鸟,双剪似的尾和尖尖的翼让它具有空中捕食飞虫的本领,不费多少气力就能捕捉到喂食的虫子。燕子妈妈归来,幼鸟叫得更欢,个个伸长脖子张开口争抢虫子,还有一些强健的幼鸟扑

孵化出来的小燕

腾过度，掉出窝来。这个阶段的燕窝里是最热闹的，也是最忙碌的，幼鸟无休止地叫，大燕不停歇地飞。但是这种日子并不会太久，不出一月幼鸟就会长大，会自己飞出去取食，于是脑畔又恢复了往日的平静。倦了的燕子喜欢待在窝里，探出脑袋，乌溜溜的眼睛看看这里，看看那里，有时唧的一声，已由脑畔窝里飞出，掠过庭院，落到路边的柳树枝上。

　　燕子是有灵性的，是不怕人类的，它们似乎懂得既要靠近人类，又不能离人类太近。燕子将栖息的巢安在窑洞的脑畔上，同人们共同生活在一个屋檐下，形成密切的关系，但是却精明地选择在最高的位置，让人们不能轻易地伤害它们。它们与人类保持一定的距离，既做到了与人亲近和得到人类的保护而能安心生养繁衍，同时又保持在人的控制范围之外，实现了自主独立的生存。聪明伶俐的燕子同样也带给人类许多欢乐，与燕子的相伴，让人们有了对大自然灵性的领悟和与自然和谐和相处的愉悦体验，也获得了构建不同于人类情感的别样经历。当燕子在脑畔时，你或许还会厌烦，当秋后不见燕子身影后，你又怀念起燕子来，盼它快

点回来。每每这个时候,陕北人则会抬起头来,望着脑畎,心里希望来年还能看到燕子,还是今年脑畎上的那一对,还能像今年一样的快乐。

麻雀的快乐节奏

  陕北的鸟类恐怕麻雀是最多的。陕北山高沟深、坡陡崖峭,在这些不寻常的荒芜野外,却可处处发现麻雀的窝,处处有一大群麻雀。麻雀做窝似乎较为草率,并不会考究环境的安全和周围天敌的生存情况,只要找到一处缝隙或者小洞,它们便掀些羽毛和杂草做起窝来。陕北许多老窑洞都是用石片插起来箍成的,面子上也不抹泥,所以留下了密密麻麻的缝隙,许多麻雀就在这里做了窝。麻雀是集体活动的,来来去去都是一群一群的,有时黑压压的一片突然一头扎入庄稼林子,变得悄无声息,如果周围稍有一点响动,又突然如同龙卷风般迸发出来,卷绕着冲向天霄。庄稼人是不喜欢麻雀的,这种数量众多、动作灵巧的麻雀最能糟蹋庄稼。陕北有句老话:"麻雀筛谷子,留下的全是秕子。"可见麻雀吃粮食的能力。但是陕北人对这种情况是无能为力的,麻雀灭也灭不掉,赶也赶不跑,那些随风摇摆的稻草人多数也就是一个摆设,带给人们的只是一点心理安慰。

  在遍地庄稼的陕北山沟中,麻雀的生活是很自在的,它们聚集在一起呼啸而来呼啸而去,每一个角落都是它们"进餐"的乐园。深秋是麻雀最幸福的时候,收割后遗落的谷穗,以及晾晒场中脱了皮的粮食颗粒,还有随处可见的各色虫子,让它们省掉了很多觅食的手续,它们可以尽情地吃,欢快地吃,因而,到了深秋早冬的时候,麻雀们都变得圆滚滚的,又肥又大。然而好景总是不长,隆冬之际,一场大雪漫下以后,大地铺

第四章 窗格上的幸福生活

窑洞缝隙里的麻雀窝

肥硕的麻雀

上了一层厚厚的棉被,麻雀就再也找不到果腹的任何食物了,只能落在光秃秃的大树枝条上叫个不停。

随着年关的临近,麻雀却迎来了一次非常特殊的吃食机会。陕北窑洞的窗户纸经过一年的风吹雨打,变得灰暗且破旧,为了迎接新年,所有的人家都要重新裱糊窗纸。陕北窑洞的窗户纸是麻纸,黏粘剂用的是由白面做成的糨糊。糊窗纸时会将厚厚的糨糊挤出窗格子的棱外,形成一个个面疙瘩,而就是这些面疙瘩却成了麻雀难得的食物。所以糊完窗户之后,无处觅食的麻雀很快就发现上面的糨糊,它们先战战兢兢地飞过来,试探几次便欢快地啄起来。麻雀啄糨糊的行为不知是从何时开始,

冬季的麻雀

也不会在每家的窗户上上演，如果碰到了，那也算是一件幸运的事，也会从中获得一些特别的快乐。

或许由于警觉，或许就是一种习惯，麻雀啄食糨糊用一种特殊的节奏，连续均匀地啄几下，停片刻，再连续均匀地啄几下，再停片刻……就这样持续着，像有人给打着拍子。如果有多只麻雀，声音合起来倒像一首合奏曲。糊麻纸的窗户，就像蒙着皮的鼓，被麻雀啄起来，声音"嘭嘭"的，颇为清亮。这个声音在清晨最有穿透力，冬日熟睡的人偶尔会被这个声音吵醒。透着阳光，窗户纸隐约浮现着麻雀雀跃的身影，如同一出皮影戏。或许是受过年气氛地感染，或许是由于睡饱觉后的惬意，此时听着富有节奏的啄食声，就莫名其妙地产生一丝感动。这种节奏的声响和动作竟也透出快乐的情绪来，让人不知不觉地思绪飞扬，无限遐想起来。

陕北人不喜欢麻雀是因为麻雀偷食粮食，然而对于麻雀本身确实是喜欢的，这种毛茸茸的快乐小鸟比乌鸦和喜鹊这类大鸟更招人喜欢，它们似乎也喜欢人类，与人类走得更亲近。人类的庭院、窗户好像也是它们的家园，一些莽撞的麻雀还常常飞进窑洞里来。麻雀总是与人保持若即若离的关系，你要突然出现，麻雀被惊吓得"扶摇上穹天"，倘若你停留一小会儿，它们又扑棱一声一只接一只地飞回来，散落在你的周遭，依然欢快地叫着，依然是原来的节奏。它们不时地靠近你，却又突然蹦离开来，像是同你逗乐。你的眼神就会被它们吸引，不由自主地沉浸在他们的快乐当中。所以说，麻雀就是农民亦敌亦友的小伙伴，它们那顽固和狡黠的行为给人们带来了许多烦恼，也勾起了人们的童心，使人们获得了许多快乐。如果没有了麻雀的陪伴，陕北人的生活会不会有点单调和无趣，我想会的。

又是丰收年——窗台上的玉米、辣椒和南瓜

陕北的金秋与别的地方一样，家家户户都在忙于收割庄稼。但是陕北人对待收获的庄稼却是不同的，陕北人不会把"丰收"藏起来，而是统统搬出来、挂起来，无论是窑洞脑畔上、庭院中、石板墙上，还是窑洞窗户上和窗台上都摆满或挂满了各色果实。而窑洞窗户和窗台摆放的和垂挂的果实成为陕北地区一道特别的景观。收割停当，陕北窑洞就置身于果实的海洋之中，窗台上垒满了硕大的南瓜，窑面上挂满了饱满金黄的玉米棒子，窗格子上也多了三五串鲜红的尖辣椒……如果将此时的窑洞门窗看作一个脸谱，南瓜就是她的绯红的脸蛋，那腰腿面上挂着的金灿灿玉米串无疑就是她的麻花辫子，红色的辣椒串则是扎在麻花辫上的红头绳。门窗、窗花、玉米棒子、红辣椒、南瓜，等等，它们共同构

丰收的玉米

筑出陕北这一充满乡土气息和拙朴模样的特殊形象,叫人沉醉其中,不愿意醒过来。

1. 金灿灿的玉米棒子

玉米是陕北最为主要和重要的农作物。陕北地区大多数可以浇灌的水地都是种植玉米的,玉米陪伴陕北人度过了无数个艰苦的日子,玉米窝头、玉米饼、玉米面、玉米粥曾经是陕北人最为重要的食物。玉米能否丰收常常成为来年是否挨饿的关键。陕北人判断玉米是否丰收则是通过储藏在架子上的玉米所占体积的多少来定的。玉米收获后须要晾晒干

窗台上的玉米

院子里的玉米架

才能脱粒进仓,所以晾晒玉米是首要的任务。陕北人晾晒玉米是有特殊方法的,为了防止老鼠的侵害,他们先将刚掰下来的玉米棒子摊晒在平坦的窑洞脑畔上或院子里。待忙完收割后有的家户就将其整整齐齐码放在窗台上。而更多的是将其放入院子里支起的方方正正的玉米架上。玉米架的搭建是一项技术活,首先主人要判断当年的收成,确定架子的宽窄高低以及选用树干的粗细;其次还要用恰当的绑定方法来连接横竖之间的柱杆,决不能有倒架坍塌的危险;最后要采取多种措施来防止老鼠入侵,一般做法是将竖杆下端的树皮剥掉再用刀刮得滑滑的,还要在上面绑了一圈玻璃酒瓶,等等,这样老鼠就不容易爬上去了。然而蹊跷的是无论使用何种措施,似乎就从来没有杜绝老鼠爬上去。在来年手工脱粒的时候,没有谁家玉米架上不发现老鼠的。随着玉米架的拆卸和玉米棒子一层一层的转移,不时有老鼠从缝隙中蹦出来,仓皇逃窜,继而就

院子里的玉米架

会看到一个又一个老鼠的窝，还有尚未长毛露着肉红色皮肤的老鼠仔，它们迷离着的眼睛刚看到光明的天日就被扑上来的花猫叼走了。伴随着这种情况，人们看到最多的自然就是一个个被老鼠侵害的玉米棒子了，有的仅留下牙印，有的被啃成半拉子，还有的连玉米棒子芯也被咬掉了。然而不管怎样，陕北人似乎都是见怪不怪了，依然是一边干活一边说笑。

在陕北地区还有另一种较为多见的晾晒玉米的方法，那就是把玉米棒子绑扎成如同辫子似的串子，挂在窑洞腰腿面子上。玉米串子的晾晒效果是远远好于玉米架子方式的，它能更好地接受阳光的照射，亦有更好的通风条件，也绝不会出现被老鼠侵害的情况，是一种安全有效的晾晒方式。但是，这种方法最大的弊端是它需要大量的人工劳动，可谓费时费力，并且这方式的前期工作要延伸到掰玉米棒子的阶段。绑扎玉米串子用的不是绳索，而是本来包裹在玉米棒子外面的几层玉米皮，这些玉米皮韧性十足，强度很高，且有一定的长度，因而十分利于打结绑扎。这就要求人们在掰玉米时要连带玉米皮一同掰下来，回家后要立即绑扎。具体绑扎方法就如同辫麻花辫一般，一个搭一个环绕而上，最终成为硕大的串子。串子扎好后就可以挂在窑面上或者窗户上了，可以独挂也可以群挂，这全凭主人的意愿了。从效率角度上讲，挂晒的方式是不如架子码放的方式，但是陕北人并不在意，总有很多人家不辞劳苦地将玉米棒子一串串地挂起来，甚至遮满了窑面和窗户。站在窗户下，倚靠着玉米串子，就如同浸润在一片丰收的天地中，胸中会涌出股股暖流。而远远望去，看到玉米在太阳的照射下时而闪耀，金灿灿煞是好看，人们也仿佛看到了美好的明天和光明的未来。

2. 红彤彤的辣椒

尽管陕北人吃辣椒的能力似乎并不如重庆、湖南等地，但是辣椒作为陕北重要的餐饮佐料是确定无疑的，陕北许多著名的地方特色食物如果离开了辣椒就索然无味了。陕北的炖羊肉、红油臊子、剁荞面的酸辣汤都将辣椒作为主要佐料。因而陕北人是离不开红辣椒的，每户人家必然要种上一两洼辣椒，以便自给自足。秋收的时候也一定要备足冬季和来春所需的辣椒。陕北储存的辣椒一定要扎成串串挂起来晾干。秋天辣椒都变得红彤彤和油亮油亮的，人们把每个辣椒连同梗摘下，而后用结实的尼龙线将梗一个个地绑扎起来，串成串子，提回家挂在窑洞或门窗上。辣椒由于其辛辣性，不生虫子，不需要喷洒农药，所以陕北人做饭用辣椒都是直接从辣椒串上摘下来，用水一冲即可；干辣椒也不需要刀切，用手一揉就搓成碎片，连籽带皮下锅。陕北人家的辣椒串是又长又粗的，几串挂下来就遮挡了小半个窗户，连接起来红红的一片，散发出一股香辛味，看着红火，闻着刺激。这些辣椒能供全家吃上好几年，但是来年辣椒成熟的时候这些陈辣椒就退出餐桌了，可是主人不会将其取下来丢掉，而是继续让它们挂在那里，任凭雨打日晒。挂了许久的辣椒已经不

第四章 窗格上的幸福生活

长长的辣椒串

红艳艳的辣椒串

是做饭的佐料了，它们成了陕北窑洞门脸上的一个装饰物，是一种把窑洞装扮得更加具有陕北农家味道的重要"佐料"了。一串串红辣椒就成了陕北人家的标志，也见证着陕北人的性情。陕北人性子是非常豪爽和粗犷的，他们对丰收的期盼和对美好生活的向往比任何一个地方都强烈，也比任何地方更加直白地表达出来。陕北人把象征丰收的物产都一股脑地搬出来，张扬地挂起来，这种热烈和直率情感，就如同陕北信天游中唱的"前半夜想你吹不灭灯，后半夜想你翻不了身"一样，没有一丝的掩饰和做作。

3. 黄澄澄的大南瓜

陕北人对南瓜是有特殊情感的，在穷苦和饥饿的年代，南瓜拯救了很多人的性命；在革命时期，延安的小米饭南瓜汤也是重要的食物，所以南瓜汤甜丝丝的味道，给很多代人都留下了美好的回忆。南瓜在陕北是一种很重要的食材，它可以直接煮着吃或蒸着吃，可以煮南瓜汤、做南瓜饼、蒸南瓜包子，还可以配以小软米和杂豆做成南瓜饭。

在陕北对南瓜的储藏历来是个问题。南瓜储藏除了保存以外，还有防盗的意思，但是防的不是人，而是老鼠。老鼠是农民的天敌，也是南瓜的天敌，老鼠对南瓜的侵害是让农民最为愤慨的，它们没有"规矩"，偷吃南瓜也没有"章法"，它们一旦侵入南瓜堆，则所有南瓜都遭了殃。老鼠们不会将一个南瓜啃食完后再集体移向下一个，而是四处乱窜，到处乱咬，结果多数南瓜都被啃得伤痕累累。南瓜不比玉米、豆类，一旦被咬就会很快变质腐烂，无法再储存，而农民也舍不得将被咬的南瓜丢掉，而是去除"伤口"吃掉剩余的部分。一旦被咬的南瓜过多，这家人可能就要吃好几天"全天南瓜宴"了。所以保存南瓜成了陕北人头疼的事情，放在密闭的储藏室内，老鼠吃不着，但是又不通风，南瓜容易腐烂；放在开敞地，能通风照光，但不能防鼠。经过多年的摸索和实践，陕北人最终还是找到了南瓜的最佳存放地——窑洞窗台。

窗台上的南瓜（李书书摄）

  陕北的窑洞窗台实在太适合存放南瓜了。窑洞窗台高度一般在 1 米以上，面向南，采光保暖效果极佳。窑洞窗台的朝向以及背面的白色窗户纸的反射作用，使得这里无论在深秋还是初冬，只要太阳出来就立刻变得暖洋洋，温度比别的地方高些，这里存放南瓜可持续到天气渐寒的十月。过了十月南瓜可能受冻，但此时，南瓜已经在主人不间断的食用过程中消耗得所剩无几了。南瓜在寒冬要放在温暖的地方，此时唯有土

炕是热的了，所以家家户户将还没有吃完的南瓜搬至热炕头的底角。最后剩下的南瓜总是较大的，置于炕头常常成了小孩子的玩具，孩子将它们立起滚来滚去，玩得不亦乐乎。

陕北窑洞窗台宽度大约为20厘米，正好可以搁置一个南瓜，一个窗台面可以搁置一排南瓜，如果一层搁不下，可以在上方不断加层。加层的原则是大个在下，小个在上，上排与下排保持相间的格局，这样能保证数层南瓜互相依靠和联结，形成稳定的结构，且又非常美观，

窗台上的南瓜

又满足了通风的要求。窑洞窗台存瓜的另一个有利条件是可以防鼠，窑洞窗台的立面是笔直的，过去人们会用泥巴把墙体抹得十分平滑，现在农民们又喜欢贴白色的亮面瓷砖，所以老鼠无论如何也爬不上去。窗台的里侧就是居室，擅长打洞的老鼠也无法从里面突破。哪怕万一有老鼠上去了，也非常容易被隔窗里间的主人发现，人们可以立即出来赶跑和清除掉老鼠。加之竖立叠放的方式，老鼠难以做窝，所以窗台放瓜非常有利于防鼠。由于这些优势，窑洞的窗台就成了陕北人约定俗成的存放南瓜的地方了，只要南瓜收获之后，必将全部出现在这个区域。

故此，只要在金秋之际踏进陕北的土地，我们就会发现，陕北家家户户的窑洞窗台上都摆满了一层层的南瓜。南瓜一个个色彩斑斓、憨态可掬，它们与窑洞、与窗户以及秋天收获的色彩相映生辉，在阳光下照耀下愈加灿烂，成为陕北一道特殊的秋色风景线。

窑洞窗台上存放南瓜是陕北人与自然、与环境相协调而形成的一种人文景观，这一景观的形成看似偶然，却含有很多必然的因素。为什么在这里存放的恰恰是南瓜而非土豆、红薯，或者大豆、高粱，这与南瓜的体量、数量、存储方式乃至与老鼠的斗争都有着密切的关系，更与陕北人对南瓜的喜爱和深厚感情有着密切的联系。窑洞窗台存放南瓜能直接地带给人们硕果累累的视觉冲击，而对于一个辛勤劳作一年的农民来说没有比这一丰收的景象更让他感到幸福和满足的了，这是一种极为赏心悦目展示收获的方式，这种近在咫尺看得见，摸得着的果实，给农民心里带来十足的踏实和安全感，大有"家有余粮，心中不慌"的意味。

在深秋农闲时间，农民们更乐意待在摆满南瓜的窗台下，无论是晒太阳的老爷爷，还是拉家常做针线活的婆姨们，还是玩耍的孩童，总是自觉或不自觉地聚集在这一背景之下开展他们各自的活动，甚至有人还倚靠着南瓜，抚摸着南瓜，或者久久地注视着南瓜。恐怕在他们心里，这些南瓜就如同他们的孩子一般，让他们倾注情感，倍加爱怜。

　　窑洞窗台存放南瓜并非是陕北人刻意所为，然这一场景所产生的意象却是十分美好和富有诗意的。独特的窑洞和农家院，粗犷的窗格子和饱满的大南瓜，以及憨厚老实的陕北农民共同构成一幅定格了的真实的陕北生活画面，它充满浓烈的农家气息，呈现出祥和富康的村落面貌，让观者体验到心灵深处的幸福和温暖，慢慢体味人生的真谛。

第五章

门窗制作中的匠与艺

中国的木匠工艺有着悠久的历史和成熟的技艺。陕北地区虽然远离主流文化中心，但是木匠技艺依然归属于主流木匠工艺体系。窑洞门窗虽然有着独特的结构和形式，但是门窗木活的制作规范和方式以及过程与其他地方的木活制作大同小异。门窗制作包括测量窑洞口径、相木、锯材、画线、组装、安装等几个环节，这些环节也是其他木活的制作过程，并无特别的地方。但是在数百年的实践过程中，陕北木匠针对窑洞门窗制作积累了一些经验和技巧，使得窑洞门窗的制作更加经济和快速，特别是通过模式化的工序使得窗格子组成图案形成固定的式样，呈现出较强的地域性特征。然而窑洞门窗并不是纯粹的匠人之作，它还带有艺术性。窑洞门窗有着特别的结构和形制，木匠师傅们在遵循流传下来的式样基础上，不断地发挥能动性和创造力，通过设计和改造的方法，做出了一些具有图符式的个性纹样，产生了一定的艺术效果。窑洞门窗自身的结构形态特征并不是单单为了满足连接功能而造出的样式，更是为了装饰的需要造出的形式。窑洞门窗要满足使用和美化环境的双重功能。陕北木匠师傅们通过高超的技艺，巧妙运用各种木活技艺，让门窗达到所需要的力学强度的同时，实现功能与形式的完美统一，让门窗融入浓浓的个人情感和文化情怀，使得门窗成为道与器的完美结合。这说明窑洞门窗同时承载着匠与艺两种因素，它既是实用性的，也是人文性的。

匠人的神圣使命

陕北有句老话："匠人就是犟人"。意思是匠人性格倔强，很难对付，技术上又是内行，不敢得罪。陕北木匠师傅都是请来的，被户主恭恭敬敬地请来，睡暖炕、吃好饭，做完活再被客客气气地送走。匠人的这种待遇是由他的特殊技能决定的。制作门窗是按天来计算工钱，这种方式对木匠有利。木匠手法快，动作利索，或者吃苦肯干出活快，工期就短，户主就省钱。如果木匠性子慢，行动迟缓，又好闲，工期就会延长，花费就大。门窗用料的多少也与木匠有极大的关系。计算准确、开料用料合理，余下的废料就少，否则，废料就多，造成浪费。户主最关心工期和用料，但是它们由木匠决定，话语权由木匠掌控。木匠的技能是乡邻们有目共睹的，一个木匠师傅少说也做过几十架门窗，成品的好坏，大家都能看到。但是态度是不可见的，木匠的态度不端正，不为户主负责，不发挥自己的技能水平，在用料上不费心思，后果自然对户主十分不利。所以，户主必须百般讨好木匠师傅，在言语和招待上是十分热情和慷慨的。上工当天户主要有欢迎酒席，管一顿酒肉，而后一日三次正餐，外加两盒香烟，备着一瓶白酒，供师傅休息时随时饮用。一般三架门窗完了，八九瓶白酒也就喝光了。遇到难题，户主要好声好气"请示"匠人，协商解决。竣工之日，再备酒席，还要送一些礼品表示感谢。如此优待，师傅便投桃报李，尽职尽责地为户主服务，将门窗做得既漂亮又结实。有时，为了回报户主，木匠会将余下的大木料做成家具，小木料做成桌凳，不算工钱，额外送给户主。

　　但是，不愉快的事情也多有发生。有时户主嫌匠人抽烟太凶，睡懒觉怠工，又好闲，匠人则认为户主招待不周，饭菜油水少、不可口、不准时。这种情况，双方尽管不会有直接的冲突，心有怨言嘴上不说，但是心中暗暗较劲，慢慢表现在行为上。如果匠人不断停下来抽烟喝酒，男主人就会主动陪喝陪抽，加快烟酒的消耗速度，直至用完当天的额定数量，匠人则不再有好的借口歇息了；匠人睡懒觉，户主就刻意早起，忙忙碌碌的，弄出许多声响，匠人就不好意思再睡觉了，颇有点"周扒皮"的计谋。也有主顾双方关系僵化的，这种情况户主最为忧虑，担心师傅给他们施厌胜术。

陕北人认为做门窗的木匠都有一定的巫术能力，他们能与神秘力量对话，也懂得如何施咒语。厌胜术就是匠人有意将猪血、木人、动物骨头等"黑巫具"夹入门窗构件里面或者故意违背门窗制作的禁忌，以达其给户主造成损害的目的。这种行为是匠人挟私愤报复户主，令户主防不胜防。陕北有很多木匠施黑巫术造成户主失利的故事。"黑巫具"的暴露都是发生在多年后户主家庭发生变故或家势衰落时，经户主刻意寻找发现的或者木匠徒弟漏嘴张扬出去的。这种故事证明和宣扬了厌胜术的威力和效果，让陕北人畏惧和信服。陕北人非常敬畏神秘力量，大多数人都有一定的巫术经验并习惯以类似巫术的方式来处理或对待日常生活。在陕北人眼里，门窗是一个构筑和承载宇宙天地奥妙和人神关系的界面，因而制作门窗是一个严谨、庄重、遵规蹈矩的行为，也必然赋予木匠十分神圣的地位。

在旧时，窑洞门窗是匠人手工制作的，依靠的工具也仅有刨、斧、凿子、墨斗、锯、鲁班尺等，木匠会根据具体情况

木匠工具

第五章 门窗制作中的匠与艺

木钉和木楔

结合构件，随手用下脚料制作大小不一的小木钉和楔子。窗棂的造型、样式、文化内涵几乎是由当地具有精工手艺的木匠所决定的。制作门窗的匠人都是从小学艺，大多数是靠父子传授、师傅带徒弟等方式实现的。陕北传统社会的运转是由"集体潜意识"来推动的，一个聚落内的人们有着共同的认知结构和价值观念。可以说，民间木匠所了解的并认为有价值的东西也是村落中其他人所了解的并认为有价值的东西。因此，木匠对门窗的态度就是大家对门窗的态度，木匠的艺技基本上就是当地门窗艺术特征的总体概括。木匠大师傅广收门徒，在三五年内把技艺传授给自己的徒弟。徒弟们吸收了师傅传授的与门窗有关的丰富知识，并接收师傅留下的大量传统画样和一些范本，然后延续师傅的事业。有一些匠人还在长期的工作实践中，根据经验和现实进行一些变通，但大多数木匠不敢轻易进行自由创造，他们死死遵守制作门窗的规矩，一丝不苟地按照陕北人认可的方式做工，以免被认为是学艺不精或缺少职业道德。

由于门窗文化的规制以及师傅口传心授的方式，使得门窗形制亘古

少变,历经百年却依然原汁原味。可以说,门窗的基本模式已经刻在陕北人的脑中,成为一种绝对的模式。无论从材料、工艺,还是从制作过程,窗格格图案的形制及它所代表的典故、含义,一切一切都已经是模式化的、标准化的、大众化的,成为每个陕北人的基本认识。看不见的文脉无形地"统治"着这个地方,窗户的格局、框架,窗格格的图案无不成定制,保留着古老的传说,深深地印在陕北人的脑中,丝毫不怀疑。

  木匠就是严格按照规矩来制作门窗的。门窗制作有一定的程式,一般情况下,户主早先时候就已经请示过木匠,根据木匠的开料单备足了料。开工后,木匠先要根据需要和木料条件来选料和开料,将原木锯或劈成坯料,坯料常常要比最终的尺寸大一些,为后面的加工留出余头。而后,木匠开始制作平戗、圆戗和门柱等大件,门窗框架做好之后开始做窗棂,最后进行组装。从一开始,整个门窗的式样就刻在木匠的脑中了,他牢牢记着各个部件的数量、组装方式、尺寸,等等。因而在制作过程中,外人看来是杂乱无章的场面、横七竖八的木条,在木匠几十天的不断归拢和安排下,一副副窗格变得完整起来,经过不断组合,最终化成一个清晰的门窗"眉眼"。窑洞门窗结构并非特别复杂,但由于是纯粹的手工制作,尽管加上三两个徒弟,一套门窗也需花一个月的工时。如果门窗上安装过多的弧形或曲线部件,用小锯旋锯,手工打磨,则耗时会更多。

  木匠不仅制作门窗"身体",还要赋予其"灵魂"。众所周知,所有的庙宇泥塑完成后还要有"开光"的仪式。窑洞门窗也有类似的仪式——安门窗。安门窗必须选黄道吉日,尽管并不是所有陕北人都讲究迷信,但是由于门窗在人们心目中的重要性,人们都是十分谨慎地对待安门窗仪式的,按照"口诀"和"程式"认认真真地完成所有环节。

  安门窗的方式类似窑洞合龙口,首先要选择黄道吉日,其次要有匠人主持。另外,安门窗仪式并不是安装整个门窗,而是安装某些关键的部件代替整体。一般情况下,门窗大框架都已安装,只需将可以活动的天窗和门安上即可。安门窗必须在大晴天的正午时刻进行，以便阳光照在新窗上。即时，唢呐声响彻院落，户主跪地烧香化纸，献礼祭神。木匠师傅利索地将门和天窗安装在相应的位置，再将一串镇物悬挂于门窗"天眼"之处，俗称"开天眼"，门窗便有了神灵驻守。此时鼓乐全停，木匠开始念五方："一念东方甲乙木，二念南方丙丁火，三念西方庚辛金，四念北方壬癸水，五念中央戊己土"；而后开始撒五谷，并念唱："上了一台又一台，匠人上了凤凰台，金碗银珠手中拿，我给主家把钱撒，一撒金，二撒银，三撒消除三灾六难，四撒四季发财，五撒五谷丰登，六撒六畜兴旺，七撒七子团圆，八撒万事如意，九撒金钱落地，十撒新居太平，风水好，地又灵，我夸主家有本领，全家老少一条心，抓住黄土变成金。安窗正遇紫微星，立柱适逢黄道日。先唱此地龙虎堂，又唱家业能兴旺。百唱千唱万万唱，一年更比一年旺。"当念完唱词碗中五谷也撒完，安门窗仪式就结束了，人们便收拾道具吃午饭。至此，木匠就完成了他的神圣使命。

对技艺的坚守与突破

为窑洞制作门窗是窑主的事情，但却是由木匠完成的，而且在早期筹划的时候木匠就参与进来了。一户人家要箍窑洞，制作门窗，无疑是一件大事。在修建窑洞的时候，就要筹划制作门窗的事宜。户主必须请来木匠师傅到窑洞现场细心勘察和筹划，确定门窗的大小、尺寸，并开出料单。户主则根据木匠师傅的要求，或伐、或购，提前备好相应的木料，慢慢地晒干。

一个陕北人可能一辈子也建不起一院窑洞，一旦要修建窑洞必然是

木匠相木

倾尽家财。窑洞是陕北人传宗接代、安居乐业的基础,因此修建窑洞和制作门窗是十分谨慎和认真的事情。陕北人制作门窗一般会选在初冬或暖春,一方面是为了避开农务劳动时间,另一方面这个时候木料的缩胀变化较小。户主请示木匠,木匠翻皇历看日子,确定动工时间,日子一到,木匠就上门开工了。由于有先前的商洽,户主早已按照木匠的要求备好了原料,木匠观察、测量、计算一番后,就大体划分原料的用途。哪根木头做平戗、哪根做副戗、哪根做圆戗、哪根做椽条都要清楚。

在陕北,制作门窗的木料都是当地十分常见的,主要有杨木、柳木、榆木、柞木等。杨木质软、节少、细腻、易加工,因而多用于制作平戗、副戗等长的构件;柳木不易生虫,且有韧性,多用于制作窗棂;而柞木、榆木等硬木则多用于门戗、天窗戗、门板等经常使用和发生磨损的构件。门窗制作在用木上有许多禁忌。在大的木构件上不能使用分叉的木料,这种料俗称"双心""蛇口木",意思为主人心不齐,易发生口舌之争,对主人不利;陕北人认为杨槐木为"上木",不可被踩在脚下,因而不可做门槛;不可用各种开花果木;不能将木料的根部和梢部倒着使用,否则是颠倒天地,生死反向;等等。

1. 窑洞门窗制作工具

制作窑洞门窗木活的工具是非常多的。这些工具主要用于原木锯解成板材到画线下料,再到开榫凿卯、构件铣型,最后到攒活这一系列的过程中。其中主要涉及锯、刨、斧、凿、墨斗、量尺等工具。

(1)锯是一种由金属钢片制成的斧刃切割木材的工具,是木匠使用频率最高的工具之一。锯子的种类非常丰富,如框锯、大锯、镂锯、钢丝锯等。其中框锯最为常有,由锯梁、锯拐、锯条、锯钮等组成。在所有木工活中"锯活儿"也是最吃"功夫"的劳作,俗话说得好"木匠活真难学,锛锛砍砍拉锯条"。可以说,能把锯使好了,使顺了,木匠的

二人合锯

刨木

手艺就算学好了一多半。因而师傅总是让新学徒不断地练习拉锯。不同锯的使用技巧是相同的，具体是要稳，用力要均匀，且不能来回摆动。特别在使用俗称"二人抬"的大锯时，要求二人密切配合，一主一次，不紧不慢、用力协调，将锯条控制在一个面上，不能出现夹锯现象。尽管现在木匠已经使用电锯了，但是制作一些部件时，木匠师傅还是觉得手锯更便捷，更好控制。

（2）刨古代称为"止步郎"，它是由刨刃和刨床两部分组成。刨刃是金属锻制而成的，手工刨床是木料的。就目前延续下来的刨子而论，其种类十分丰富，如铁柄刨、槽刨、外圆刨、内圆刨、凹线刨、单线刨、多棱线刨等。刨子的使用技术要领是用力均匀，不能打棱，而且刨到头时要注意接茬。手艺好与不好就看木匠刨出构件的方直程度和刨花多少，手艺精湛的师傅自然可以将构件加工的又方又直，且刨花很少。制作窑洞门窗使用的主要是刮平木料表面的二虎头刨、刨圆戗内外弧形表面的外圆刨和内圆刨，以及制作棂子外棱面线纹的线刨。

（3）斧有双刃斧和单刃斧，是木工用于砍削的工具。双刃斧主要用于建筑雕刻，尤其是用在竖柱、上梁、檐板上的正反两边砍削。单刃斧适用于门窗制作，砍削小料多余部分，保证砍削平整，还较适用于砍削木楔。

（4）量尺一般是指用来测量部件尺寸、角度、平整度以及弧度的工具，常用的类型有卷尺、大方尺、角尺等。角尺有活角尺和割角尺。

（5）鲁班尺又称门尺，是在营造建筑、制作器物时，用来度量、掐定门户乃至屋宇、庭院、床房器

用斧头砍木

量尺

鲁班尺

物尺寸吉凶的专用工具。其属于中国营造用尺中的尺体系,为八进制,进制数与伏羲八卦之卦序数相合。八卦序列以洛书九宫和天文九星为依据,以星序定寸位,七星占七寸。传统营造过程中鲁班尺吉凶尺度的确定常常是不传的秘密,因此,在具体使用过程中,木匠师傅对门窗所用的构件尺寸早就烂熟于胸,鲁班尺轻易不示人。民间将鲁班尺看作"神物",因而会使用鲁班尺的木匠也自然具有一定的话语权。

(6)墨斗是下料放线用的,特别在顺材开料、破料时非常方便,也可以作测量垂直时的吊线之用。墨斗的使用也有技巧,主要体现在对于加入墨池水分的多少、掌握墨线的松紧和墨线空间位置的垂

墨斗

直性上。对于前者主要控制丝棉的吸水量，要适当，否则弹出来的墨线会不均匀，稍有不慎，还会溅到其他地方。掌握墨线的松紧指的是对提起墨线高度的控制，不可过高，过高很容易造成溅墨和墨线偏移的现象，也不可过低，过低则弹不成直线。而墨线空间位置的垂直性指的是要保证弹线与板面垂直，且在弹线时要稳，不能左摇右晃，以致弹出不合格的曲线和弯线。

（7）锛用于原木去皮和原木找平、整形。锛是大木匠的常用工具，其功用与"斤"相同。一般来说，刃是竖的称为斧，刃是横的就称为"锛"，民间木匠也称为"平斤"。锛随着电锯的普及已基本无用武之地，一般的木匠已经没有这一工具了。

（8）凿子主要用于门窗构件卯榫的凿制。凿子按照凿刃的平、弧不同，有平凿和圆凿之分，也有二分凿、三分凿、五分凿等型号之分。凿子由凿头和凿柄两部分构成。

木匠凿制卯口

2. 窑洞门窗制作的程式

（1）木匠相木后就要开始动工了，首先要进行原木破板。原木破板就是指将原木破成板材的工艺。如何破解板材也是决定木材出材率高低的关键性一步，并直接影响门窗制作用料是否充足。原木破板工艺所解决的问题主要是门窗各构件厚度、方向、尺寸大小的安排。原木的径级大小及心材的完整与否直接影响着这一工艺的难易程度。原木的径级越大、心材的完整率越高，心材、边材的区分就越明显，对于构件厚度、尺寸的划分相对比较容易；反之，则会给构件的选材带来很大的难度。经验丰富的老木匠拿到原木后，并不直接破板，而是先审视原木的整体弯曲状况，心材的完整性、木材的纹理走向及缺陷，接着根据具体情况结合画样稿中构件的宽、厚、方向、尺寸、大小进行"弹线画材"，而

用电锯进行原木破板

板材原料

后用"二人抬"大锯锯剖板材。一般饿木成品厚度为 5 厘米,坯料则要 6 厘米,梿子成品厚度为 2 厘米,坯料则要 3 厘米,多余的厚度是为制作时的刨平留下余头。旧时,锯板材是一项极其繁重的工作,需要两人密切配合,协调拉锯动作。既要出苦力,又要时刻注意手劲,保证板材平直。

（2）锯剖好板材后就要画稿制样了。画稿制样包含两层意思:一是画样稿,即设计图;二是指根据所画的样稿对曲线形的构件(如圆饿)进行放样制板,以备下料用。一般情况下,主人将匠人请至家中,交代任务后,木匠师傅会根据主人的意思,在勾画出的门窗结构图中,细致地描绘出嵌在各种框中的图案纹饰、线条、规格、尺寸等,而后与主人商议,达成共识后,就可以自主操作了。

（3）第三步是弹线化材。弹线化材指的是在审视板材的基础上根据门窗构件的尺寸对板材进行长短划分。其考虑的依据材料的板材材型在

用墨斗画线

长度和宽度方向上如何直接提高板材的出材率，尤其是遇到弯曲度大的板材时显得尤为重要。经验丰富的老木匠看一眼就能知道哪块板材出平戗，那块板材出圆戗，那块板材出门戗，而后锯材下料。木匠用墨斗画线，熟练的木匠弹墨线多数靠目测，直接弹线，墨痕清晰、速度快、线条笔直。锯材下料主要是依据构件所在门窗的部位、形式特征结合木材纹理走向及缺陷、材性等特点，按照对称选料的原则量材下料。门窗的构件类型主要分为两类，一类为结构框架的戗木，一类为构成窗格格图案的棂子。多数构件都是成对且对称安装的，因而下料时成对的构件尽量选在同一块板材上，保证构件的面里部分的区分以及对称构件材料的同性，以防出现缩胀系数不同导致整体门窗出现不对称的情况。

最后就是依线锯型了，按照所画构件的外轮廓、用框锯、线锯锯割

依线锯形

出构件的形状。这些构件坯料的余头不大,因而对锯木料的技术要求较高,一定要杜绝由于失误导致构件报废情况的出现。锯木料首先站势要稳。在进行锯割时,接触地面的脚掌部位要紧贴地面,在完成一次锯割任务之前尽量不要挪动位置,做到一气呵成。在顺木材纹理方向锯割时,可能会由于构件长度过长,而不得已易动位置。遇到这种情况,应先站稳后,将锯身往回抽出一段距离,并来回抽动几次,然后再继续进行锯割。若直接进行锯割,则很容易夹锯。另一要领是要顺纹用锯,按照木材纹理方向下锯进行木料锯割,尤其是对板材的纵剖时。一般要从木料的根部到梢部方向进行。锯割时用力要巧,学会借力用力,不用蛮力。这一步最费工夫的莫过于锯圆戗了,锯圆戗需要两人合作,既要控制好力度,又要掌握好角度,要保证所锯的弧线流畅,且弧面平整。

刨平

（4）制作构件，首先要刨平构件表面。在板材上锯割完所要加工的构件后，便要对构件外表面进行刨光，为后续的画结构线与凿卯制榫奠定加工基础。这一工序是对构件外表皮的深加工，目的是刨去锯割加工所留下的锯痕和多余的厚度，以保证各构件外表皮的平整以及各构件规格尺寸与设计尺寸的一致性。这一工序的难点在于斜度控制和表面的平整。大件要先用开荒刨刨去粗坯，而后用二虎头刮平大面，最后用净刨刨去二虎头留下的刨痕。刨完后的构件厚度和宽度尺寸与设计尺寸是完全一样的。由于门窗是左右对称布置的，大多数装饰纹样都是成对出现的，因而在制作棂子的时候棂条在宽度上为成品的2倍，待全部加工完后，将其一剖为二则成了两根完全一样的棂条了。这种做法，省了一半的功夫。

其次要打号选材。打号选材是指根据画样稿中各门窗构件所在的位置，对刨光完成的各构件进行选料和标记。首先保证对称性构件纹理走向的一致性，然后将木材纹理无缺陷的部件表面用铅笔画上标记，作为门窗构件朝外的部分。

第三是画卯榫等拼接部分的切割线。在我国传统的画线技艺当中，聪慧的木匠师傅们为了便于对门窗构件进行精确加工，根据构件自身的结构特征，创造了一系列表示不同意义的线型符号。这些符号是对门窗构件的形状及结构形式的简单概括，明确表达了各构件之间的穿插关系及连接形式，故其画得准确与否直接影响着门窗的最终强度和准确度。切割线主要包括截线、花线、榫眼线、榫头线、槽线、下料曲线等，通常用"×"、"|"、"√"、波浪线、箭头线、汉字、字母等符号表示。门窗的构件有许多是成对出现的，这些对称性的构件，画完一个后，以此件的各面为基准，画出其对称构件相同各面上的槽口、卯眼、卯榫的位置。对称料要比着画线，一来可以提高构件槽口、卯眼、卯榫位置的一致性和准确性，

待剖切的棍子

比对画线

二来可以提高画线效率。木匠师傅根据某件具体的门窗自己制作一些画线工具,这样既能统一尺度,且快速简便。

将全部的构件画完线,木匠师傅们则开始通过锯、凿等多种方式来加工卯榫连接结构了。卯榫结构是中国木质古建筑常用的结构,这种结构也是陕北窑洞门窗制作所用的方法。凹进去的是卯,凸出来的是榫。卯榫连接的方式非常结实,完全不用钉子。对构件卯榫等拼接部分加

木匠随手制作工具

工是最见木匠功夫的,需要木匠有极高的加工技巧和经验,特别要懂得加工余量的控制、顺性而造、卯榫互吃、空隙预留、卯榫重复等多种技巧。

方材毛料加工成形状、尺寸和表面质量等各方面符合设计要求的零部件时,所切去的一部分材料,称之为加工余量。加工余量合理与否直接关系到木材的损耗程度、零部件加工精度及整个劳动生产率的高与低。

顺性而造指的是顺应木材物理特征的基础上进行卯榫结构的设计与制作。木材是一种"活性"的纤维结构材料,具有各向异性、湿胀干缩的特性,且在不同的季节其这一材料变化又有着很大的区别,故以前的匠人都在春天操斧凿而制器。如果不遵循木材这一特性来使用,就会影响到门窗的整体强度和稳定性。为了顺应这一材性的需求,聪慧的匠人

锯榫头

们创造了卯与榫的结合方式,在凹与凸的穿插间,巧妙地借用不同纹理方向所产生收缩与张弛作用力的差异性,使其在胀缩之间达到一种平衡。顺纹出榫,指的是顺木纤维生长方向造出榫头,因为木材顺纹方向的抗拉强度、抗压强度要远远大于横纹方向的抗拉强度、抗压强度。

卯榫互吃指的是在凿制卯榫是要"吃线"和"留线"。"吃线"指的是在制作卯榫时,根据具体情况凿削一部分画线时留下的卯榫的轮廓线,"留线"则是指在制作卯榫时,根据具体情况保留画线时留下的卯榫轮廓线。在这一吃一留之间,使卯榫结合得严丝合缝。卯榫互吃的掌控受到画线技艺水平高低的影响。

空隙预留指的是为了顺应卯榫抽胀所引起的形状变化,在卯眼或槽口的深度方向上预留出比榫头长度多出的一部分虚空间,以对其形变进行更好地疏导与规制。

卯榫重复指的是巧妙利用卯榫之间肌理表面的摩擦力,通过卯榫单个要素的重复排列,增加卯与榫在凹凸穿插之间的接触面,进而提高结构节点的结合强度和抗变形能力。其哲思之妙是把原始卯榫单一的插接关系转换成了卯榫双重甚至多重的交互关系。这样一来也就把相互连接的两构件最开始的一方限制一方转换成了互相限制。

（5）组装。通常情况下，制作门窗需要两位师傅和若干徒弟，两位师傅会分工，一人做框架，一人做棂子，这样在使用工具、用料和占用空间上互不干扰。由于手工制作存在尺寸上和操作上的误差问题，因而木匠对各种棂子图案构件先行套嵌组装一次，查看尺寸、方正、平直是否正常，而后再拆开。如果存在问题则进行修正，然后重新安装，并施胶、加木钉。门窗框架做完预装后，主要观察其结构、尺寸、卯榫等是否搭配和符合窑口要求，还要将组装后的棂子构件放在对应的位置比对，在框架上标卯口位置。待没有问题后，则拆开框架，凿安装棂子的卯口，最后进行完全组装。完全组装需要多人配合，保证棂子、戗木、窗板既要相互匹配，又要严丝合缝。最终组装要施胶、加木钉，使整个门窗牢固结实。

（6）门窗组装完成后，接下来则要安装了。由于窑洞门窗又大又沉，安装位置又高，因而安装门窗常常需要十多人才可完成。大家事先用绳索将木杆捆扎在窗户顶部，一些人通过控制

组装窗棂

第五章 门窗制作中的匠与艺

框架与棂子比对

窑口安装门窗平伐的石槽

木杆让门窗立起来,并保持竖直平衡,另一人抬起门窗将平岀两头塞进预留的洞口,而后木匠踩着高梯将门窗相应的部件固定在窑洞口上。而后木匠再将天窗、门安装在相应的位置上,并举行隆重的安门窗仪式。

3. 技艺的突破

木匠不敢轻易进行自由创造,必须一丝不苟地按照陕北人认可了的方式做工,如果要进行稍大的变化,一定要征得户主的同意。但是,由于口传心授方式和手工制作以及跨区域交流等原因,门窗客观上也是变化着的。一代又一代木匠在继承前辈技艺的基础上也不自觉地进行着创造和突破。不同区域的门窗装饰图案名称以及寓意都是有差异的,木匠在遵循基本原则基础上,会对一些部件进行改变。例如各地木匠在制作"盘肠纹"时,不得不根据不同窗框的大小和形状进行调整和改造,出现了各种以"盘肠纹"为核心结合其他纹样的窗格格,有的竟然十分巧妙和精致。一些木匠应户主的要求提高门窗的装饰性,不断增加纹样的复杂和美观程度,通过分解和重构的方式,制作出不脱离传统又呈新形态的窗格子,因而使得窑洞门窗整体向前发展。

刻出乾坤,道出寅卯

陕北窑洞门窗装饰图案都是有寓意的,这些寓意属于农耕文明的范畴,具有功利、朴实、生活化的特点。作为从事农业劳动的陕北人,其诉求无非是繁衍子嗣、健康长寿、五谷丰登、财源广进等。陕北人制作门窗颇费思量,门窗图案既表现大众群体式的一般诉求,又表达个体的愿望,对图案的选择是经过认真考虑、有所针对的。例如家中有老人,就会考虑多做"寿字纹",有未婚者,就会考虑多做"喜字纹",做生

第五章 门窗制作中的匠与艺

门窗上的精细雕刻

意要做"贯钱纹",等等。家庭不同,门窗也会显现出一定的差别,深谙此理的人一看,便对家中情况略知一二。

木匠对户主提出的特殊要求自然要下一番功夫,使得其制作的纹样显现出与常规纹样的区别来。门窗有自身固定的形制和模数,可变化和发挥的是"花"的部分。制作门窗最费工夫的莫过于制作弧形器物了。在陕北,弧形的器物都叫"花",做"花"叫"旋花","旋"道出了制作工艺的方法——锯弧。锯弧要纯手工完成,对技术要求极高。一个"花"是由几个部件组合而成的,每个部件需要数次弧线加工,再用刻刀雕出花饰,然后进行打磨,最后组装合成整个"花"。一个"花"所费的功夫相当于制作数个几何图案纹样,经济和时间成本非常高,因而在窗户上多做"花"是户主经济能力的体现。大多数陕北窑洞门窗只有少数"花"作为点缀,而地主和大户人家则完全不同了。他们的窑洞门窗雕刻之繁、样式之多是普通人家难以匹敌的。一般一架普通门窗需要15个工,大院中的一架门窗常常超过百个工,这皆因雕刻大量的"花"所致。

陕北窑洞门窗雕刻题材较少,常见的有"寿字纹"、梅花、蝙蝠、石榴、凤鸟"卷云纹"等。一些雕刻花饰是组合而成的,例如海棠、枪头、柿蒂等。刻刀是木匠制作"花"最直接的工具。在"花"的制作过程中,型号多样的雕刻刀及辅助工具起到十分重要的作用。木匠圈中有句老话"人巧莫如家什妙""三分手艺七分家什"。 陕北木匠所用的雕刻工具不多,但是都是木匠自己定做的。木匠把工具保养得非常好,并根据自己的习惯,打磨出异形的锋刃,这样不仅能提高工作效率,而且在造型上能充分发挥自己的技巧,使行刀运凿洗练洒脱,清晰流畅。

木雕是对形象和空间的处理,是通过雕与刻对原料的削减。确切地说,就是由外向内,通过一步步减去废料,循序渐进地将形体挖掘显现出来。制作时要先画小稿,再用墨线勾画放大到木材上。其次是刻粗坯,粗坯

第五章 门窗制作中的匠与艺

有意义的雕刻纹样

是整个作品的基础,是以简练的几何形体概括构思的全部造型,有层次、有动势,比例协调、重心稳定、整体感强,形成图案的外轮廓与内轮廓。第三步是凿粗坯,可从上到下,从前到后,由表及里,由浅入深一层一层地推进。凿粗坯时要注意留有余地,如同裁剪衣服,要适当放宽。木匠行话说得好:"留得肥大能改小,唯愁瘠薄难复肥,内距宜小不宜大,切记雕刻是减法。"最后进行细雕,先从整体着眼,调整比列和各种布局,然后将具体形态逐步落实并成形,要为修光留有余地。雕刻完成后进行修光处理,也就是修去刀痕凿,达到表面细致、圆滑,最后用粗细不同的木工砂纸搓磨打光。

陕北窑洞门窗中的雕刻基本都是传统纹样,造型是固定的,只是在手工制作中产生一些差异,但是这种差异绝不是木匠主观故意造成的。传统纹样有着特定的寓意,这些寓意道出了主人的诉求和愿望。无论在封建社会还是新中国,农民有着相同的诉求、相同的祈愿。木匠对此十分清楚,严格按照传承下来的纹样进行制作,并倾注自己的热情,显现出匠人的责任心和道德素养。他们雕刻一件器物,就像在祈祷和满足主人的愿望,单纯的劳动变成了"构建与神沟通的桥梁",也神圣起来。门窗是陕北人通向精神世界的通道,是陕北人安放情感的装置,因而在陕北窑洞门窗上不会出现没有传统基因的纹样。一些木匠擅自改造或者创新的纹样尽管图案繁复错杂,但由于缺少根基,只能显示主人的经济能力,并不会受到好评。

陕北窑洞门窗装饰图案都是"有意味的形式"。有意义是门窗图案纹样的根本价值,而非形式和艺术手法的"惊心动魄"效果。图案形式有着匹配于主人身份的文化性格,反映着劳动民众朴素的生活理想和生命追求。

第六章

门窗是陕北民俗艺术的母体

窑洞是陕北人最重要的居所，一个人一生的重要时刻以及大多数时间都在窑洞身边。门窗是这个居所与外界的分割界面，是二者重要的沟通通道，自然也成为最能亲近两个空间的地方。陕北人的世俗生活都是围绕着窑洞展开的，而作为重要空间界面的门窗就有了举足轻重的地位和作用，毫无悬念地成了陕北人思想观念的表现阵地，以及成为各种民俗、文化艺术形式展示的载体。在日常生活中，门窗成为陕北人精神和灵魂的居所，成为陕北人（尤其是陕北婆姨）最为关心的"宇宙天地"。陕北人将内心的生命关照、喜怒哀乐都寄托其中，而这种寄托是通过民间艺术的形式实现的。因而窑洞窗户能承载形形色色的艺术形式，构筑陕北人心中理性的图符世界和世俗生活。其中最有典型性和代表性的是窗花、面花燕燕、对联、灯笼等。窑洞门窗从最初单纯的使用功能演绎出愈来愈多的文化内涵、愈来愈多的生活情趣、愈来愈多的精神慰藉，并且形成共生关系，再也不能分离。门窗所承载的思想观念、世俗功能和生活趣味使它成为整个陕北的"代言人"。它能反映陕北的"形"，亦可反映陕北的"意"，以及黄土高原的风貌和陕北人的性情。总之，陕北形像的呈现，剪纸婆姨的背影都离不开窗格格的"脸"。

一针一线总关情——门帘图案及寓意

陕北窑洞的门，特别是主人居住的正门是一定要挂门帘的，但是门帘绝不能单单挂一块布。门帘像窗户一样，必须得到精心的布置。窑洞门框就像窑洞窗户框一样，都是男人制造出来的世界，大小有一定的规制限定。框架是坚实和不能改变的，就如一个冷冰冰的男人。但是妇女们却在男人的框架内，填补上了她们柔软的情感和梦幻的五彩世界。

第六章 门窗是陕北民俗艺术的母体

门帘

陕北窑洞门帘的制作是拼布的艺术，一片片碎布以某种模数结合起来，形成一个抽象的世界。每个陕北婆姨都会有一个或几个包袱，里面也必定夹着一摞铺层。铺层是许许多多大小不一、长短不齐、质地各异的各色布片，它们是陕北婆姨在平日裁剪中剩下的布片或下脚料。这些布片就是做门帘的材料。拿布片做门帘，是废物再利用，盖有农家的节约。但此举不仅不显寒酸，门帘样式的多样，倒成了家里常添衣裳的宣示，是骄傲的事情。互相交换布片或者讨要特殊色彩的布片是陕北婆姨常做的事情。门帘中的布艺造型则是展示女主人高超技艺的阵地，在不到3平方米的布帘上，能利用大小、色彩、质地都参差不齐的布片做出一个规整的门帘对女主人来说是一件得意的事情。这样的门帘也非常匹配陕北窑洞窗户的格调，有浓浓的乡土气息。陕北的门帘图案具有地域性、民族性和民俗性，它反映陕北风土人情，尤其善于表现"万物有灵""生

门帘

命追求"等具有图腾寓意的造型。陕北的布门帘图案实际上是陕北剪纸和门窗图案的变种，虽然几者在表现材料上存在差异，但是有着共同的图符意义和价值，而它们在造型元素和符号观念方面几乎是完全一致的。陕北人对门有着特殊的认知，自然也是十分认真谨慎地对待门帘的。他们深知门帘作为内部世界和外部世界的通道与入口，意义重要大：你对门帘付出了多少感情与希望，就能得到多少回报。所以，婆姨们不惜辛劳，在每一块门帘上都花费了极大的心血，每一针每一线都倾注了极为诚挚的情感，还相互争奇比巧，不断翻新花样。

　　在农闲时候，经常可以看到一群婆姨在一块，坐在炕头或立在窑洞门窗下说说笑笑，手里的针线活却一点儿不误。她们穿针引线，熟练自如，像是手上长着眼，快速且准确地缝制着鞋垫、虎头帽、门帘。任何婆姨，对吊挂在自己门上的门帘，是不会粗心大意的，既要显示出自己的手艺，

第六章 门窗是陕北民俗艺术的母体

门帘

不当受人嘲笑的"笨媳妇",又要细细缝制,一针一线都做得扎扎实实,保证结实耐用。她们像艺术大师,经过精确的揣度和巧妙的安排,以化腐朽为神奇的能耐,以特殊的方式在迥异的碎布片上绘制出一幅幅珍品,打造出一个个绝妙的世界。

窑洞门帘的色彩构成是一大亮点,具有极强的地域性特征。窑洞门帘的颜色多以红、蓝、紫、黑、黄等纯色为主,鲜亮又通透,犹如镶嵌着的一块块宝石。总体来说,门帘用色单纯而大胆,抽象、夸张。陕北的婆姨们是根据自己对色彩的感受来选择布片的,她们能用几种单纯的色彩构建出她们认为好看的图案。尽管门帘色彩的选择有较强的主观性,但是她们还是非常乐意遵循群体里流传着许多关于的色彩搭配的口诀,例如"黄见紫,恶心死""红见蓝,狗都嫌""红显大,绿显丑"等。门帘构图简单、色彩单一,这种符号般的图形是抽象的、写意的、简练的,

门帘

但却是大多数陕北婆姨内心理想世界的展示和祈愿,是众所周知并被普遍认可的。这种图符弱化了门帘作为纯粹装饰和美化环境的功能要求,更能传达情意。陕北婆姨在用布片造型时,可以摆脱形象、比例、色彩等常规逻辑的约束和限制,把自己的意愿融进去,创造出自己的图符世界。因而,陕北的每一个门帘都是不一样,体现出稚拙、朴素且又神秘的特色。

在陕北,一些图案还有深刻的社会教化意义。图案中含有丰富的色彩、图符构成以及形象符号,它们多是陕北地域文化的符号元素。从某种角度来说,这些符号是当地人知识结构的网络图,有着非常丰富的内涵和意义,包含着当地人的历史观、文化观、价值观、人生观。这些符号从古传承至今,具有极大的影响力,也有极广的受众。它们最能引起观者的认同和共鸣,能与受众进行感情交流。门帘和与门窗一样,都是阴阳宇宙观念的显现。门帘中那些丰富多彩的几何形图案,都是"十字""五

第六章 门窗是陕北民俗艺术的母体

几何符号

字""八角""九宫格"等原始符号的阵列排布或是由其演变而来的,蕴含着一阴一阳、阴阳相合,东南西北中、金木水火土五行生克,八卦,象天法地,天地宇宙九星布局等思想。陕北的婆姨不一定明白其中的复杂体系和奥妙,也不完全遵循这些"符咒"的样式和色彩搭配,但这毫不影响其对祖上传下来的这些符号的虔诚和信心。她们从不带着刻意与勉强的心境来做活计,不会严格算计各色布条的数量,也不早早筹划设计某一个图样,仅仅在觉得可以做一件门帘的时候就开始做了。在这一过程中出现任何预先想到的问题时,她们都会以一种极为轻松和随意的方式解决。某一色彩的布条不够了,就会拿另外的布条代替,某一大小的布条不够了,就会缝合两块布条来凑上,其间不会有一丝的焦灼或犹豫。在陕北婆姨看来,这就是自然,人生和生活从来都不是圆满的,个体所能做的就是在上天所赋予的限定条件下,发挥自己的情感和能动性来弥补不足,实现自我救赎,而这就是人存活的意义,也是人存在的价值。她们认为她们所创造的物品是对上天造物的补充,依然拥有神性。因而,她们相信门帘就是这样的神物,一定能阻挡住一切看见和看不见的东西,守护住一个安宁、温馨的空间。

门窗上的 陕北文化

一字一语寄深情——对联中的期盼

对联,是楹联的俗称。口头对联,称为对子、对句、联句;书面抄录则称为联语。对联算是文人"游戏",但是在陕北这个文化匮乏的地方,特别是广大农村地区,对联却是家喻户晓,妇孺皆知,有的大老粗还能随口说出几条来。这是因为在陕北人的世俗生活中,许多场合和日子都需要对联。过春节要贴对联,结婚要贴对联,埋人要贴对联,安门窗要贴对联,合龙口也要贴对联。家家如此,年年如此,对联对于陕北人来说是司空见惯,习以为常。

在陕北,窑洞对联主要贴在天窗框上和门框上,或者座窗上和门框

贴上对联的门窗(李书书摄)

第六章 门窗是陕北民俗艺术的母体

贴对联挂灯笼（李书书摄）

上，一孔窑需要两副。有的地方在座窗上贴一副，在大门上贴一副。陕北的对联形式还包括单签，主要贴在次要的地方或者附属物品上。陕北过年的对联所表达的内容多为农家世俗思想，诸如平安、发财、健康、丰收、福寿等，具有浓厚的农耕文明思维。对联诉求表达直接，用词用字也通俗易懂。例如表达发财的有"一年四季行好运，八方财宝进家门"；表达平安的有"和顺一门有百福，平安二字值千金""春满人间百花吐艳，福临小院四季常安"；表达健康的有"胸有宏愿春常在，心无烦忧寿自高""没病没灾没烦恼，无悲无痛无伤害"；表达丰收的有"多劳多得人人乐，丰产丰收岁岁甜""精耕细作丰收岁，勤俭持家有余年"；表达福寿的有"一帆风顺吉星到，万事如意福临门""天增岁月人增寿，春满乾坤福满楼"；表达生活美好的有"一帆风顺年年好，万事如意步步高""佳节迎春春生笑脸，丰收报喜喜上眉梢"。这些对联的内容诉求都是农民真实情感的体现，是较为务实的，家有老人，就采用长寿主题的对联；家人身体欠佳，则采用表达健康的对联；等等。他们回首过去，将来年的愿望以对联的形式表达出来，感情真挚、内容亲切。

另外，还有一些地方需要贴对联，但是内容却年年大体相同，如灶头贴"五味烹调香数里，三鲜煎炸乐全家"。还有一些地方要贴单签，尺幅较小，有横有竖，内容根据位置和对象来定。如猪羊圈贴"猪羊满圈"，驴圈贴"六畜兴旺"，鸡窝贴"鸡鸭成群"，窑洞穿堂门洞贴"吉星高照"，大门贴"出门见喜"，院墙上贴着"满院生辉"，碾磨贴"白虎大吉"，粮仓贴"粮食满仓"，等等。

陕北婚俗活动中也离不开对联，男方家和女方家对联的内容也不同。男方婚联多写"恩爱夫妻情意长，勤俭持家生活好""鸳鸯比翼新婚乐，龙凤呈祥花烛辉"，女方婚联多写"好女嫁出成贤妇，佳音频传到娘家""嫁女喜逢大好日，送亲正遇吉祥年"，主要表达娶与嫁的意思。小孩满月也要贴对联，内容多为"月满天高桂结子，地灵人杰庭降龙""天赐麟儿全家乐，户迎贵人满堂辉"。

同其他地方一样，陕北有人去世了，也要贴挽联，位置与过年时候一样，内容多为"寿终德望犹在，人去音容长存""美德常与天地在，英灵永垂宇宙间"。陕北家里有人去世，过年的对联也有讲究，第一年要贴黄对联，第二年要贴绿色对联，第三年才可以贴红对联。

窑洞合龙口时要贴对联。合龙口是新窑洞和主人的一件大事，主人要举办极为隆重的仪式。一则是为了庆祝费时、费工、费钱工程的完结；

二则求吉利，保家宅平安。窑洞拱洞全部箍好后，拱顶正中有一块砖或石料的空口，这个空口就是窑洞龙口，要在选定的吉日吉时填充。完成这项工程，即表示龙口已合。窑洞多为数孔一院，数院一排。但是合龙口的单位是以户来算的，一户龙口只能是一处，所谓"二龙不聚头"，而且按规矩必须选定合适的位置。陕北人的窑洞多为奇数（大多数为三孔），一般选择中间窑洞的正顶最前部为龙口；如果窑洞群不是奇数，或者有大有小、有高有低，则可选择在最高者或者最大者上设置龙口。窑洞合龙口必然要贴红对联的，由于合龙口时窑洞没有门窗，所以对联是贴在窑腿上的，对联的内容也较为固定，与合龙口密切关联。如："奠基喜逢黄道日，合龙正遇紫微星""此地安居贵子辈出，吉日合龙荣华富贵""洞天福地斯为美，仁里德邻无所争"。也有夸赞匠工手艺的，如："巧手开出千秋业，铁肩撑起万代窑"。

安门窗时要贴对联。安门窗是窑洞合龙口后的又一重要仪式。这种仪式类似给佛像"开光"或"开天眼"，程序复杂，讲究颇多，场面隆重。有钉门转、敬神、献祭、挂镇物、念咒等多项内容，并有唢呐演奏。镇物挂好，紧接着要将写好的对联贴在天窗两侧，对联的内容基本是固定的，一般为"立柱适逢黄道日，安门正遇紫微星"，横批为"吉星高照"。

暖窑要贴对联。陕北有暖窑的风俗，村里不管谁家箍了新窑或打了土窑洞，主人搬入新家的当天晚上要邀请亲朋好友来家里庆贺一番，称为"暖窑"。主人备好酒菜招待客人，客人也带来筷子、辣椒、肉蛋等礼品恭喜主人。主客喝酒吃肉、划拳猜谜，嬉闹半夜。据说新窑经过"暖窑"，便有了人气，可免三灾六难。暖窑时要在窗户上贴上对联，一般写"欢歌笑语喜庆乔迁，安居乐业共贺太平""三阳日照平安宅，五福星临吉祥门"等，寓意喜迁新居，日子更加红火。

近十年来，随着窑洞门窗的变化和人们生活方式的变化，一些地方

简化了传统贴对联的方式,不再在门窗上贴对联了,而是只在窑腿上贴对联。对联既阔又长,字大如斗,人称"顶天立地"。远看大气、壮观,近看却少了不少生趣,也缺少热烈气氛。陕北窑洞门窗上的对联内容丰富,思想朴实,但是从文学角度讲,陕北的对联是较为不讲究的。人们只图好的彩头和意义,不重视(当然也没有这样的能力)对联的文学艺术意境和手法。但是陕北人对对联的内容还是在意的,尤其过年的时候。到了腊月,在筹备年货的时候,贴对联的事情是首要考虑的。人们多半会回顾一下当年的生活,主要看看遭遇过什么事情,什么地方不够顺利,希望来年在哪些地方改变一下。尽管大多数人不会写毛笔字,但是还是细细地考量着对联的大致意思和关键字眼。如果人们觉得确实有特别需要表达的内容,就会请文化人或教书先生专门为自己写一副特定的对联。大多数情况下,人们会带上红纸到先生家去,先生在年关临近时必然给很多人写对联。也有人自己购回红纸、墨汁、毛笔等文具,邀请写字先生来家中写对联,以便请教或斟酌字句或内容等,当然,完毕后自然要隆重招待一番。

娃娃的守护神——炕头狮子

在陕北地区的一些县,很多窑洞的土炕上或者窗台上都会摆放着一个石头狮子,当地人叫炕头狮。炕头狮是一种独具地方特点、脸形情态变化多端、置于炕头陪伴小孩的物件。它是黄土地上生长出来的一种具有神的至尊、人的性情的民间艺术品,是民间神灵信仰的一种文化符号。炕头狮主要流布在今绥德县及邻近的米脂、清涧一带,与陕北世代相沿的一种习俗——"保锁"密切相关。"保锁"就是利用一些具有守护功

第六章 门窗是陕北民俗艺术的母体

窗台上的炕头狮子

能的器物保佑孩子健康成长。而炕头狮子是最常见的。如到了孩子满月、生日或某个特殊的日子，父母"请"回一个石头狮子，置于炕头，系上红布条或红绳拴在孩子身上。在陕北人看来，这样这个孩子就得到了这头狮子的佑护，能够健康成长了。

　　绥德炕头狮的造型一般约20厘米见方。炕头狮子初始作用是用厚重的石头拴住小孩，不让其乱动，保护小孩，同时也满足了儿童好动爱玩

| 179 |

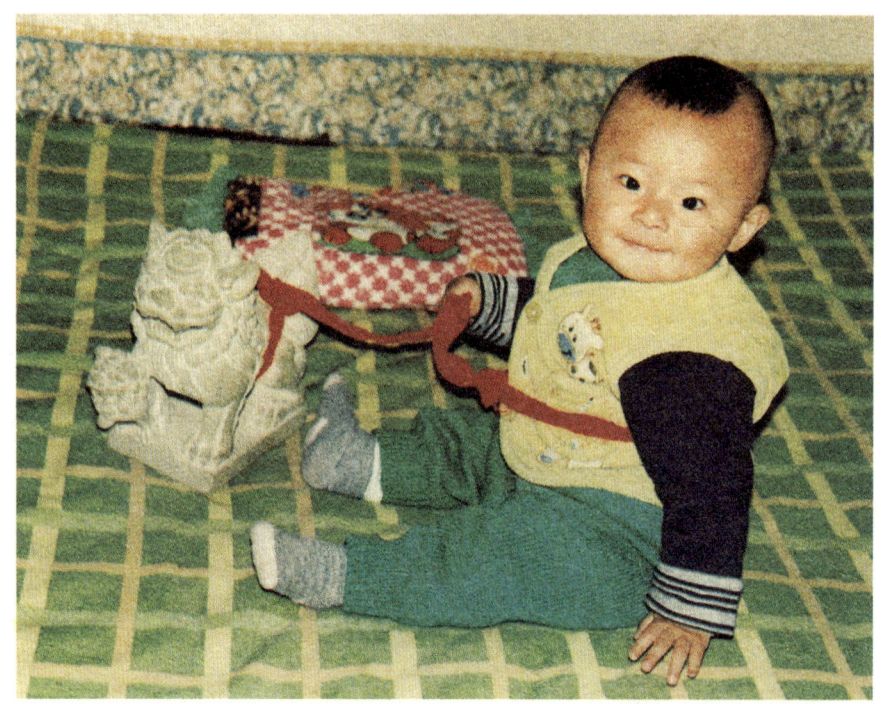

拴娃娃的炕头狮子（贺国建摄）

的天性，供其玩耍。而后逐渐衍生出更为深刻的含义，成为守护孩子的"长命锁"。在人们的世俗观念体系中，狮子缩聚天地精神和宇宙生命观，是黄土高坡上的生命守护神。民间工匠以朴素的思维方式构思，拙朴的手法造型，虔诚的心态雕刻，造出形态各异、神形兼备的炕头狮，使石头崇拜和狮子巧妙地结合在一起。

在陕北，人们认为炕头石狮有神灵佑护灵魂作用、驱邪去病功能，因此成为小孩生命守护的首选。石狮子从娃娃满月开始拴，一直拴到十二岁，其佑护娃娃的使命便告一段落，等家庭又有一个新生命来到这个世界，石狮子又拴到这个新生命身上。一个石狮拴了爷爷，拴了爸爸，又拴孙子，历经数代，浑身闪烁着神秘的光泽，成了整个家族的生命守护神。在绥德，人们认为石狮子是有灵魂附体的，人们对其充满敬畏，对待有关石狮子的事务也格外严肃。买狮子要说成"请"狮子，拴娃时用红头绳一头拴狮子，一头拴娃娃，也有用红头绳拴好石狮子后，又将石狮子拴到娃娃肩膀或腰上的。每过一次生日，家长在神祇前求丈二红头绳拴到狮子身上。一直到过十二岁生日开锁时，将所有锁线（红头绳）编成裤带给娃娃紧在腰间。过了十二岁，娃娃的魂全了，不怕鬼怪的侵扰了，狮子保护娃娃的使命就算完成了。另外，一旦石狮子空闲了，一定要放置于干净僻静之地，免受侵扰。

不管怎样，炕头狮最直接和最有效的用途就是拴孩子、保护孩子。陕北农村地区有许多小孩与炕头狮相伴过，他们对那些被摸得滑滑的油黑的炕头狮是充满感情的。忙于农活的大人，总是顾不上照顾孩子，把他们拴在炕头，孩子们只得在以炕头狮为圆心，以拴他们的带子为半径的范围内活动。无人陪伴的玩耍都是无聊的，他们总是一次又一次地扶在室内的窗台上，透过窗玻璃，寻找室外妈妈的身影，然而多数情况下是徒劳的，妈妈忙于劳作，不会被召唤回来，更多的时候是看不到任何人的身影。但是，孩子们知道妈妈一定会在这里出现。窗子外面是一个奇怪的世界，他们总是不厌其烦地在窗台边挪来挪去，注视着外面能看到的一切。忙碌的父母归来的时候，首先发现的就是玻璃窗里张望的小脑袋，这恐怕是最辛酸和最温馨的场面了。妈妈明白孩子张望的意图，看到孩子，一天的担忧也化为乌有了。

无孩子可拴的炕头狮也不会成单纯的观赏品，陕北人对待炕头狮的态度是非常严谨的，无用武之地的炕头狮子不能用作其他用途，而要恭恭敬敬地"请"到某地。陕北人常常将炕头狮子摆在室外的窗台上，一放就是几年，再也不打扰，让它静静地守护着陕北人最大的门脸——窑洞门窗。

等待妈妈的小孩

串起来的面花燕燕

　　燕燕不是天上飞着的燕雀,是陕北的女人们在庆祝寒食节时,用家中的小麦粉捏成并蒸熟的形似花、虫、鸟、兽的食品,统称面花燕燕。

　　寒食节又称"禁烟节""冷节""百五节",很多地方的中国人都过寒食节。人们要在寒食节绝火一天,寒食冷餐。陕北人庆祝寒食节,和别的地方不一样,家家户户在节前两三天多做些蒸熟的面食供人们在

面花燕燕

寒食节那天食用。这些面食可以在节日内馈送亲朋好友,也可送给自己的父母。最为奇特的是陕北婆姨还要给家里的孩子捏许多燕燕。捏燕燕极有趣,它充分展示了陕北婆姨灵巧的手艺和丰富的想象力。这些燕燕中,有燕子、麻雀、蛇、兔子、狮子、老虎等,包括了大自然中多数的飞禽走兽。面花燕燕一般如拳头般大小,也有形状怪异的面花,可能就比较大了,如常有弧形的两头鱼娃娃,长达2尺,粗似碗口,重超5斤。

做面花燕燕的工具都是陕北农家常用的,有面板、切刀、剪刀、黑豆、红豆、针锥、木梳等,这些工具应用在制作面花的不同阶段。做面花燕燕也有着较为固定的程序和方法,大体可分为和面、揉面、造型、蒸、点色等五个步骤。

双头面花娃娃

  首先是和面。一般情况下如果下午蒸,早上就要和面。如果第二天上午蒸,前天晚上就要和面。事先要准备好酵母,根据面的多少来决定酵母的量:酵母少了面花发硬,不饱满;酵母多了面花发黄,味酸。和好面后要发面,发面是要把死面发醒,要掌握好面的水温,入碱要均匀,将和好的面放入粗瓷盆里发酵,这就叫醒面。醒面和温度有关,冬天要盖严放在头灶圪崂。醒面时间长短直接影响面花的好坏,醒过头了面就会发酸,蒸熟的面花会浮肿变形,造型看上去不立体;醒面不足,面团发硬,无弹性,蒸熟的面花不眼亮,形状不够圆润、饱满。

  其次是揉面。揉面要根据面的干湿度适量加入干面粉,反复推、压、搓、揉,要使面团表面光洁,不能有裂纹和面褶,这样才能使面筋道、可塑性强,蒸熟的面花表皮不起泡，没沙眼，不易干裂破损，而且色泽鲜亮口感好。只有面揉得到位，蒸出的面花才能鲜嫩。由于要捏制各种形状，面要揉得比平时硬，所以揉面是一项吃力活。揉面的时候还要搭碱。搭碱直接决定面花的效果，所以一般由有经验的婆姨来操作。通常，为了不出意外，揉好面后，人们先试蒸一个小型面花看效果。

接下来是造型。造型就是捏面花燕燕的样子，需要一定的经验，也是比较有趣的。通常捏面花的时候是母亲带着女孩子做，也有妯娌们一起做的。捏面花的时候每个人按照自己的特长造型，有的擅长捏制动物，有的喜欢塑造人物。造型的方法与工具的使用大体是对应的。无论是动物还是人物，头、身、腿脚等用手捏，或用搓出的粗面棒搭接；眉眼、鸟嘴、爪子等部位常用剪刀剪出形状；羽毛、纹理则用木梳齿子压出；眼睛、纽扣或用针锥扎孔，或用豆子镶嵌；而一些装饰性的盘花、纹饰则用细面条、面团、面饼搭接出来。虽然做法相似，但是由于每个人所用的面量、搭接塑造的位置、各部的比例等不同，所以作品样式差异很大，也有优劣之分。面花造型时速度要快，进程太慢，面就会变形。所以，捏面花时要讲究程序和步骤，也要一些技巧，保证面花造型时又快又好。

再下来是蒸面花。因面花捏好后，要马上入锅蒸，所以水要提前烧开。陕北婆姨不用钟表计算，而是以烧水的时间算。蒸的时候要水烧开三次方可，一般是急火蒸20分钟。也有通过烧香来确定的。蒸熟的面花会略胖一些，非常好看。面花燕燕蒸好后，切不可急着将它们从锅里拿出来，一定要等火慢慢熄灭，锅里的温度慢慢降低后再拿，否则急速的降温和降压会使面花燕燕变扁或"坍塌"。

最后是点颜色。面花出锅后，放置在笸子上，凉了后就开始点颜色。点颜色的位置主要有动物的头顶、翅膀、爪子等，颜色主要选取红色、绿色、黄色。有计划的家庭主妇一般事先都会买好颜色，实在没有买到的会向

窑洞内墙上的燕燕

邻居借用。点过颜色的面花看起来更鲜艳。

  蒸熟后的面花燕燕是肥肥的和拙拙的样子，栩栩如生、十分可爱。尤其是安装的黑豆粒儿眼珠，乌溜溜的，面花燕燕看起来就像是活的。面花燕燕蒸熟后，用一棵长满圪针的酸枣树枝儿将它们一个个扎起来，挂在窑洞中的高墙上，极好看。但是更多的人是将蒸熟后的面花燕燕用粗线穿起来，中间夹上红彤彤的大枣、灰白色的谷秆节，形成一条大项链，挂于窗户上晒干或展示。这些姿态丰富、神情各异的燕燕，非常招孩子们的喜欢。陕北的孩子们，因为有了这种生龙活虎的面花燕燕，整个春日都过得十分美好。待这些面花燕燕晒干后，一些孩子就迫不及待地将它们挂在脖子上，小心翼翼地保护着，馋了就摘下一个，一点一点地啃掉。然而大多数孩子是舍不得吃的，玩耍几日后将这些面花燕燕挂在窑洞内的墙壁上或者外面的窗户上，直到七八月，有的甚至一直挂过了年。

我们在寒食、清明之时，走进陕北村落，经常会看到摆在窗台上的单个大面花燕燕和挂在窑洞座窗上或院落树杈上的串串面花燕燕。有的面花燕燕的局部可能被小孩子咬掉了，露出白茬，还留有几颗牙印。大人们决不会怪罪小孩子的，婆姨们捏面花燕燕除了给娃娃们玩，更主要的是她们认为面花还有护生的神力，保护孩子生命健康。在陕北人看来，这种面花被孩子们吃掉，就像把一符咒画入他们的体内一样，让孩子受

门框上的面花

窗户上的面花

到由内到外的、时时刻刻的佑护。由于有这种"功效",家长实际做的面花的数量和种类是非常多的,既要供自家孩子吃玩,还要送给亲戚家孩子,以表祝愿。那些多余的或者变得干硬的面花燕燕,就如同一个纪念物,永久性地挂在窗户上。

在陕北,面花不是艺术,而是一种信仰,它不是人们吃饱饭才会想到的事情,而是哪怕是贫困饥饿也要完成的事情,因为面花燕燕关乎着他们生命的存活与延续。在旧时,面花燕燕是在苦日子中制作的,常常充当着保存性命的干粮,这在贫瘠的陕北地区是得之不易的。面花燕燕承载着人们对于丰收的期望和祈祷,包含着人们对于天灾人祸导致的饥饿难耐的深刻体验。如此,越是丰收喜悦越是变得刻骨铭心,也使得有关播种和收获的事务具有更为广泛的含义和更多指向生命、情感和神圣的可能性。在陕北,制作面花燕燕是一个严肃的事情,只能妇女参加,男孩子也要被拒于门外。在制作面花燕燕的过程中,要保持一颗虔诚的心,无论是和面、揉面、捏塑都要尽心尽力。府谷妇女在上锅蒸面人人时不能乱放,讲究位置顺序。出锅后,要给每个面人人吹一口气,让其产生生气。他们觉得这些面有灵气,让人动心,制作面花燕燕不仅仅是为了吃,更多的是将面花燕燕作为一种心灵崇拜物,一

第六章 门窗是陕北民俗艺术的母体

挂在树枝上的面花

种寄托心愿的方式，一种祝福的手段，是民众在岁时节日和人生仪礼中用于人与神、人与祖先以及人与人之间沟通的媒介。因而，一年四季，可能都会看到陕北人家里的墙上，或者窗户外挂着面花燕燕。在民众看来，面花燕燕不仅仅是一种物质食粮，更重要的是一种精神食粮，建构出他们的现实世界与信仰世界。

大红灯笼高高挂

在没有煤油灯之前,陕北的黑夜恐怕是无比寂寥和幽暗的。在缺衣少食的年代,贫苦农民是点不起稀少且贵重的蜡烛的,过着严格意义上的日出而作、日落而息的日子。陕北有了煤油灯,夜间能将灯点旺照明也是极为奢侈的。大多数人家都是在必要的时候才会尽情地点亮煤油灯,平时仅仅维持着最基础的照明。

多样的煤油灯

陕北的煤油灯有多种样式，从一个手掌大小类似小提壶的油灯一直演变成金属和玻璃材质的高级品。煤油灯的亮度非常低，烟却又浓又呛人。旧时陕北婆姨就是利用煤油灯熏剪纸样子，熏样黑白分明，可见其烟的熏染能力了。夜里，一旦点灯后，屋内空气中就弥漫着煤油味、头发烧焦味，黑烟也缕缕升起，一夜下来屋内乌烟瘴气，第二天早上起来鼻子眼里都是黑的。然而，尽管煤油灯灯火如豆，光线很弱，但是在那个经济匮乏的年代，人们就是靠它照亮每个漆黑的夜晚。

晚上，窑洞里的一盏盏灯便亮了起来，坐在煤油灯旁边做活的陕北婆姨的身影便投射到窗户上来了，身影愈近愈高大，甚至遮满整个窗户。油灯火苗的跳动或者做活计的举动使得窗户上婆姨的身影就如一幕影戏，演绎着陕北人生活的艰辛和关爱。陕北的夜是漆黑和阴冷的，站在山坡上，唯有窑洞窗户还透出一丝丝的光亮，犹如天空中穿过薄云的点点星火，带给人浓浓的暖意，而晃动在窗户上的身影又增添了许多生机和趣味。

陕北最为高级的灯是马灯，陕北的马灯实际上也是煤油灯，由于它具有在室外照明的功能，尤其能为行夜路的马帮提供照明，所以叫作马灯。陕北民歌中就有"走头头的那个骡子哟，三盏盏灯"的歌词，描述的就是这种马灯。马灯在陕北算是一件较为珍贵的家用品，并非

马灯

每个家庭都能置办和拥有，也不是可以随意使用的。大多数家庭只有遇到夜间外出和过年在窑洞窗户上挂长明灯的时候才起用它。马灯使用棉绳灯芯，其灯头通常以铜制成，而灯座和挡风用的灯筒则用玻璃制成。陕北人是很爱惜马灯的，一有空就会把玻璃灯罩拿起来，哈一口热气，用破旧的软布把灯罩擦得锃亮，再把灯体从上到下擦上多遍，还经常用剪刀轻轻修剪灯芯。对于陕北寻常人家来说，马灯最重要的用途莫过于作为过年所挂灯笼的光源了。在陕北，年关将至，一些人家便开始用竹条、红宣纸、绳子等材料手工捆扎纸灯笼了。手制纸灯笼的材料和工序都十分简单，特别之处是要在灯笼上下两端各留一通气孔。除夕日暮降临，陕北人就将马灯点着之后固定在纸灯笼里面，通过拉吊的方法把灯笼挂在窑洞门窗最高的部分。

　　生活方式的单一和经济条件的限制使得陕北人形成了早睡早起睡的习惯，大多数夜里是黑乎乎的，只有在诸如过年、婚庆、庙会等喜庆日子才会挂灯笼，平时看到大红灯笼很难得。所以一旦挂起大红灯笼，人们自然就感受到了特殊的喜悦氛围，变得激动和欢快起来。人们也毫不浪费这样的夜间时光，聚在一起又说又笑，尤其在凉爽的夏夜，一些人甚至彻夜不眠，嘻嘻哈哈闹一夜。20世纪末，陕北农村大部分地方才开始有了电，生活物资也日益丰富起来。尽管一些人家在过年的时候依然手工制作大红灯笼，但是大多数家庭都选择在市场上买成品。灯笼的类型和造型也丰富了，也全部以电为照明光源。

　　陕北人对灯笼有一种特殊的情感，早时候只有在过年这一特殊的节日才使用。灯笼具有吉利、团圆、生活红火的象征意义，陕北人过年悬挂灯笼用以照明以及营造喜庆的氛围和烘托过年热闹的气氛。在陕北人看来，灯笼还具有某种神秘和神圣的力量。窑洞窗户天窗是一个"通天"的区位，上天能降临此处，处于此处的物品也具备与天对话的能力，所以挂在这一位置的灯笼似乎集聚了神秘的力量，并代表上天将吉祥和祝福洒向人间。除夕夜的红灯笼是彻夜不眠的,如同一个守护神,保佑人间度过一个安宁的年关。陕北的冬日是灰暗的,黄土、枯草、哑雀、严寒,显得沉寂而无聊,然年关的到来为陕北抹上了艳丽的浓妆。白色的窗纸、五彩的窗花、红色的对联以及一个个大红灯笼让陕北的门窗顿时变得生龙活虎。尤其是夜间高高挂起的大红灯笼,远远望去,串成一线,连成一片,汇成红色的海洋,将陕北大地渲染得更加热闹和祥和。

灯光照射下的窑洞门窗

特色独具的晾晒场

  陕北窑洞是陕北人生活的中心,窑洞门窗是距离室内生活空间最近的室外界面,因而窑洞门窗在人们的生活中扮演着许多非常独特的角色,其中之一就是晾晒场。这一功能的产生一方面是由于它与人们的距离所致,更重要的方面是由于它作为晾晒场所具有的空间、场所、朝向、便利等极佳的自然条件。

  陕北门窗上晒的最多的恐怕是炊具了。陕北的很多炊具都是就地取材自己制作的,包括马勺、锅盖、盘子、笊篱、蒸笼等,其中一些材料取用的是庄稼的秸秆。陕北特产高粱,陕北人就用高粱秆上端结穗子的"箭箭"做成许多炊具,最常见的有锅盖和净匾(箅子)。秋收罢了,高粱秆晒干后,人们就把高粱秆上端的"箭箭"掰下来,捆扎成一捆。待到农闲的时候,婆姨们便挑拣出长短、粗细一致的"箭箭",用穿着粗麻绳的大针将它们纳成有两层十字向排列的锅盖和净匾。这种锅盖和净匾的用料和做法是一样的,唯一的区别是用于搁放食物的净匾中间留有矩阵孔洞,而锅盖是密致排列的。这种材料做成的锅盖和净匾非常实用,在使用时它们变得潮湿而富有韧性,外轮廓能与锅保持严丝合缝的匹配状态,而植物材料的特殊气密性又能保证锅内的气压保持在一个范围之内,非常适合陕北地区的烹饪方式。但是它们也有缺点和弊端,由于其植物性特性,使用后的锅盖和净匾里面胀满水分,会发生霉变和腐败,所以每次用完以后,必须拿到太阳下晾晒至干以便下次再用。一日三餐如此频繁使用,几个锅盖和净匾如同轮岗似的,被来来回回地拿回去又挂出来。有趣的是,我们发现陕北窑洞窗户座窗顶端的挂钩上永远挂着几个锅盖或净匾,似乎是窑洞窗户的一个构件。实际上,这种类型的炊具还有支撑箅子的三叉木质锅撑、洗碗刷锅用的谷穗笤帚等。

第六章 门窗是陕北民俗艺术的母体

晾晒箅子

晾晒炊具

座窗上挂着的炊具从不寂寞,因为与它们终日相伴的还有窗台上的千层底老布鞋。旧时陕北人穿的都是婆姨们纳的千层底老布鞋。一双老布鞋可以经受几个春秋,十分耐穿,但是老布鞋制作是十分费时费工的,一双老布鞋可能需要一个婆姨花费数月的时间才能做成。陕北人平时将做衣服所剩的边角料以及旧棉布衣服等物都收集起来,称为"铺层",千层底老布鞋就是用这些铺层为原料制成的。旧的、零碎的铺层通过弥补的方式做成鞋底料,大片、质量好的铺层做成鞋帮料。所谓千层底,就是将数层布料通过一层一层粘贴的方式叠在一起,然后用针穿上细麻绳密密的纳织而形成的又厚又硬的鞋底。黏合千层底布片时采用的黏合剂是由家里常吃的小麦粉做成的。具体的做法是刷一层面糊,铺一层布片,然后再刷面糊,再铺布料……最多可达二三十层。鞋帮只要一层就够了。糊好的千层底和鞋帮都要拿出放在窑洞外窗台上晾晒数日,直至干透。而后再经过纳鞋底、切底边、缝制衬里布、剪裁鞋帮、绱鞋、楦鞋等诸多步骤最终完成。

制鞋是一个漫长的过程,多数情况是鞋以不同的进度同时展开,而很多步骤都需要晾晒。所以,只要我们在冬日走进陕北的村庄,就会发现几乎每家窑洞窗台上都搁着晾晒的千层鞋底、鞋帮,各种千层鞋的半成品和成品。由于千层底布鞋材料和黏合布层的特殊做法,布鞋不能浸水,否则会膨胀和脱层,所以布鞋一旦遭受雨淋水浸就必须尽快放置在太阳下晾晒。因而,我们走进雨后的陕北人家,就会看到家家户户窗台上晾晒的一排排千层底布鞋,煞是壮观。

陕北窗户上晾晒的另一类物品就是为冬日储备的各种干菜了。陕北的九月、十月,秋高气爽,阳光充足,这个时候是陕北人收获的季节,家家户户是硕果累累,仓满屯溢。秋季,陕北人最忘不了的就是吃,也是他们最有口福的时候。此时他们可以喝到新鲜的香谷米汤,吃到汁多叶嫩的大白菜、清脆可口的红萝卜。陕北人敞开了胃口来填补肚子,一

第六章 门窗是陕北民俗艺术的母体

窗台上晾晒老布鞋

方面是为了将自己吃得肥壮些,来"贴膘熬冬",另一方面是为了趁着果蔬的新鲜,在最好的时机将它们消费掉。然而,冬天终究会来。没有新鲜蔬菜可吃的陕北人冬日里只能靠吃干菜、吃咸菜熬日子,所以秋收之际每家每户也要抓紧时间晒一些干菜。陕北晒的干菜主要有茄子、豆角、土豆、瓜等几种。晒干菜也是一项紧迫又艰巨的任务,农民们把果实从菜地里摘回来,便忙忙碌碌地开始了。陕北人是根据不同的果实以不同的方法来晒干菜的。例如干豆角一般分成整豆角、豆角丝儿、豆角片儿。他们将采摘的嫩豆角用清水洗干净,放入开水锅里煮三四分钟,而后将

晒枣（李燕妮摄）

煮好的豆角一根一根晾在钩在窗户上的线上，晒干成整豆角干。豆角丝和豆角片的做法是将又宽又绿的花皮豆角放在菜墩子上顺长切丝，然后放在簸箕里，端到外面，放在朝阳的窗台上晾晒。茄子则用刀回旋着切开，不能切断，切成连续的长条，挂起来晒干，这就是茄子丝儿了。而茄块则要把茄子刮去外皮，在菜墩子上切成不规则小块，拌上面粉之后晒干而成。另外，陕北人还喜欢制作一些瓜干、香菜干、萝卜干等。所以，一到秋天，陕北窑洞窗户上、窗台上，甚至磨盘、脑畔上都是晾晒的干菜。窗户上系的几根绳子，上面挂满茄子丝儿、瓜丝，微风吹过，晃晃悠悠的，散发出淡淡的菜香味，煞是好看，令人垂涎。

　　然而，令人震撼和兴奋的恐怕就是陕北的晒枣场面了。陕北产枣，秋日里走进枣林，到处是红彤彤的大枣，可谓铺天盖地。由于鲜枣不易保存，所以大多数鲜枣都要晾晒。晒红枣与晒别的水果是不同的，它需要更加精心的呵护，也形成一些特别的做法。打下红枣后，天气好时，农民们在早晨把睡觉垫的被褥或者草垫子放在院子窗台上或者磨盘上铺开，然后倒上大枣摊平晾晒；在中午阳光最烈的时候则在红枣上盖上被子或草垫子，下午太阳西斜时再打开。如此反复，大约得十天左右，枣子晒得透红、发皱且干爽，便成干枣了。一些村落和家户的枣很多，晒枣的时候就形成了壮观的场面，只见窗台上、庭院里、脑畔上，甚至窗格里都出都是摊晒的枣子，红彤彤的一片，让人激情澎湃。

　　作为一个纯粹的农业社会，陕北地区的日常生活也总是围绕着农业活动，但是一旦可能，陕北人更愿意将劳作的场地搬到窑洞里。秋收的时候他们把谷穗、荞麦、玉米、麦子、大豆等庄稼都收到家里才用连枷打场脱粒，而不是在地头的打场完成此项工作。或许在陕北人的心中，最后阶段的收获是一种仪式，是能带来幸福和愉悦的仪式，他们想把这个过程持续得更长更久一点，以便让他们能更从容更轻松地享受这一过程。而陕北窑洞窗户作为晾晒场似乎具有同样的意义，陕北人无论是在

窗格格上的红枣

晾晒做饭的锅盖、密密缝制的布鞋,还是一串串的干菜、一片又一片的红枣,都是以一种极其平常和坦然的姿态完成的,但其中倾注了他们最为炙热的情感和真诚的态度。当他们看到这些事物时,不由得沉浸在浓郁的朴实和平常农村生活的滋味中,体验收获带来的安宁、和谐、安全和满足。

第七章

艺术作品中的陕北门窗造型

曾几何时，荒凉的陕北成为艺术家写生和艺术创作的基地，陕北的一切都成为他们获取艺术灵感的源泉。艺术家们以一种浪漫的情怀和主流文化的意念创造了一个响彻大江南北的"陕北"与"陕北人"的形象范式。陕北的黄土地、陕北的民俗、陕北窑洞以及窑洞生活都被赋予了深刻的内涵和积极的精神意义。贫瘠苍凉的黄土地呈现出天然雕饰之美，朴质的窑洞生活反映着陕北生活真挚之美，传统的认知观念体现出陕北文明的古老、神秘乃至纯正之美。在艺术家眼里，陕北是一个承载中华古老文明和文化的地方。陕北人的习俗、窑洞、民间艺术、秧歌，甚至语言、规矩等，都体现着历史遗存的光芒，数量蔚为可观，价值着实珍贵。

艺术作品中出现的陕北窑洞形象主要有两种情况：一种是本土民间美术创作中描绘的陕北人的生活环境，窑洞作为背景出现在作品中；一种是国内艺术家创作的以陕北为历史或地理背景的作品，黄土地和窑洞是表现这一背景的符号，特别是作为中国革命圣地，艺术家在表现陕北的革命事件和英雄事迹时，自然会将窑洞作为重要的内容。在这些艺术作品中，窑洞极少成为艺术家表现的主要客体，几乎所有的窑洞都是作为"配角"出现的，其上的门窗多数是以艺术化、符号化、写意化的方式处理，其形象既不写实，又不多样，完全成为交代"主角"所在环境和背景的符号。

本土民间美术作品中的窑洞及其门窗造型和形象是非常抽象和符号化的，在剪纸、布堆画、农民画等民俗艺术中，无论是门窗的框架结构还是窗格子图案都被民间艺术家彻底民俗化和图像化，以诸如"蛇盘兔""寿字""葫芦""盘长""双喜"等图样替代。这一方式将门窗在陕北世俗生活中所承载和表达的意义一览无遗地呈现出来，极大地强化了这些艺术作品的地域性和民俗性特征。在油画、国画、版画、影像作品中，陕北窑洞和门窗基本上是以"配角"出现的，它们更多地是为了交代作品的历史和地理背景信息,在处理手法上遵循写实和典型化,作品中的窑洞有着清晰且明确的门窗结构和图案纹样,但也由于作品表达特定的主题和内容,这些图案纹样也被模式化,"五角星""太阳""寿"等图案纹样出现的次数最多。

1. 剪纸

陕北剪纸中的窑洞门窗造型与真实的门窗造型最接近,这是剪纸的特殊工艺决定的。它要求剪纸表现的各部分之间的联结关系应与真实门窗各部分之间的联结相符合。剪纸在表现门窗时多能忠实地再现门窗的本来面目,只要观者一看便能识别出其中蕴含的特定信息。

剪纸中的门窗

2. 农民画

陕北农民画以安塞作为代表。安塞农民画注重表现意境和神态，重意象，轻写实。不强调构图、透视、光度、人物比例等理性要素，而善于反映感情、想象的感性要素。常常把现实美与理想美巧妙地结合起来，构想奇特，夸张大胆，意境欢快，神态生动。绘画颜色非常强烈、明快、鲜活，基调和情绪健康朴实，昂扬向上，内容充实。构图上以情为基、以意为主、以神为美，抽象、夸张、简练、浪漫，作品多刚柔虚实、苍劲厚润、粗犷细腻，变化丰富，古朴沉稳。

农民画中描写窑洞的作品非常多，窑洞和门窗成为表现陕北地域文化和生活环境的重要内容。窑洞门窗中描绘了内涵丰富、寓意深刻的传统纹样和图符，表达出陕北人淳朴的生活诉求和审美观念。这种抽象和夸张的表现方法以及具体图像的应用，实际上正是对真实门窗中承载的观念和寓意的最终解读和再现。

农民画中的门窗

第七章 艺术作品中的陕北门窗造型

农民画中的门窗

农民画中的门窗

3. 布堆画

陕北布堆画是布和棉花的产物，其雏形源于陕北农村婆姨日常生活中的针线活。陕北有句俗话："新三年，旧三年，缝缝补补又三年。"陕北地处黄土高原之中，山大沟深，自然条件艰苦，农民们一辈子面朝黄土背朝天，整天跟黄土打交道，他们的衣服容易破损，老要打补丁。整天在黄土坡上耍闹的孩子，他们的衣服也是补了这儿又破了那儿。婆姨们在破损的地方缝缝补补、层层堆累、补丁摞补丁，久而久之便形成了一些不规则的图形。一些心灵手巧的婆姨出于朴素的审美意识，在给小孩和家人打补丁时，便

农民画中的门窗

有意识地剪贴成一些图案，细针纳缀，别出心裁，这样既补了破损的漏洞，又不失美观。如小孩的鞋尖破了，爱美手巧的母亲就特制一块虎头形状的布缀在鞋尖上，就成了"虎头鞋"；枕头开了洞，找几片上了色的布头拼剪成花、草、鸟、兽等形状缝缀上，称"堆花枕头"；铺盖烂了，选用不同颜色的布块做个团花、"寿"字，就成了"堆花被褥"。随着时间的推移，布堆画渐渐脱离纯粹的实用性，不仅仅是一种缝缝补补的

布堆画中的门窗

事情，人们特意将它装饰在门帘、烟袋、荷包、围裙、男女间的信物以及小孩的鞋帽、肚兜、书包上。黄土地上的妇女们用自己美的心灵和精巧的手艺点缀生活，于朴素中见绮丽，艰辛中现智慧。久而久之，便形成了既实用又美观的布堆画。

一些描写陕北人生活场景的布堆画中出现了陕北窑洞，它们通常被高度的抽象化和符号化，窑洞和门窗造型概括简练，纹样夸张活跃，色彩强烈鲜明。特别是喜欢直接将"蛇盘兔""寿字""葫芦""盘长"等图案缝制在门窗的天窗、座窗部位，呈现出简练、概括、粗犷、纯朴的风格。

版画中的门窗

4. 木版画

中国的木版画艺术在抗战时期的延安曾掀起过一个高潮。当时，以革命圣地延安为中心，涌现出了一大批卓有成就的版画大家，他们的作品以浓郁的生活气息和昂扬的革命斗志铭刻特殊的革命岁月，在现代版画史上产生了巨大而深远的影响。这时期的版画作品以浪漫主义的风格、简洁别致的构图震撼人心，在民族存亡的关键时刻，鼓舞起人民的斗志。为了表达特殊的历史和政治环境，作品中有大量的陕北劳动人民和窑洞，二者都被创作者典型化，形成范式。作品中的窑洞门窗造型抓住了现实中窑洞门窗的基本结构和典型图案，既简洁明快，又非常好地体现出陕北窑洞门窗的特征，展现出窑洞门窗的直觉形象和气质。

国画中的门窗

5. 中国画

中国画中的窑洞都是极其写意的。画家多在遵循山水画创作的基本法则和思想主导下，展开个性化的才情，或以真实与自然为理念，或大胆想象，描绘出内容丰富、情节生动、主题突出的作品。大多数描写陕北人文风情的国画作品，都能体现出陕北地区粗犷、豪放的基调，格调雄健，富有进取意蕴。画面迹简意深、墨彩交融，作品体量大、气势足，体现出特殊时期的陕北地理风貌和人物风情。国画作品中的窑洞也多为交代环境和时代背景，窑洞在苍茫的大山脚下或树木从中，若隐若现，门窗上通常是以简单的笔触大致勾勒出"五角星""太阳"的造型，能抓住门窗的构成和造型基本结构和要点。画面富有生机，具有历史的厚重感，又有鲜明的时代性，主题意蕴跃然而出。

6. 油画

陕北黄土风情是油画家特别喜欢表现的对象，许多油画家创作了景域宏大、气势雄伟饱含现实主义精神的陕北黄土地风景画。这些作品不

油画中的门窗

仅从表象上取黄土地风景之美，更是从艺术的高度对黄土地进行审美观照，将自己的情感融化在作品之中，以普通劳动者的感情来观察感受这片土地，在精神上亲近陕北。因而这些作品多将陕北表现得壮阔而富有力量，生活味和人情味扑面而来。

一般油画作品中的窑洞和门窗是写实的，油画家通过对窑洞和门窗的细致描绘来表现陕北特有的地理风情和精神气质，同时，衬托作品主题和提升作品的精神内涵。

7. 摄影、影视作品

千百年来，与黄土浑然一色融为一体的窑洞民居，是人类依托黄土高原造就的特殊的建筑景观，是古代人们穴居生活方式和黄土文化相结合的典型范例。对外人而言，窑居生活和窑洞民俗文化充满神秘感，窑洞和窑洞中的生活成为摄影艺术家争相表现的对象。许多摄影艺术家通过光影艺术拍摄出经典的照片，展示出窑洞和窑洞生活的魅力。

黄土地中的特殊风土人情也使得它成为影视作品创作的题材，一些导演拍摄了许多反映黄土地人民生活和黄土地民俗文化的影视作品，将窑洞和窑洞生活推向银幕。

摄影中的门窗

第八章

窑洞门窗的保护与传承

门窗上的陕北文化

民居形态和经济发展有着密切的关系，两者之间存在对应关系，经济模式决定着民居形态。陕北窑洞及其聚落依附于当地经济发展状况和模式。如果经济模式发生改变，必然影响到聚落和民居形态。陕北传统的窑洞聚落是建立在旧的农业生产关系体系中的，是符合农业生产模式的居住和活动规制的。如今，陕北经济重心出现了偏移，对地区窑洞及其聚落产生了极大的影响。大量的乡村居民不再从事农业生产，从而也摆脱了农业生产、生活模式所要求的行为规范和农耕文化规制的束缚，使身体和思想都处于自由的状态。这样，乡村出现了人口移动频繁、文化多元化以及生活方式多样化的状况。而这些都将冲击到旧的聚落形态，出现人口流失严重、村落衰落的情况。

被遗弃的窑洞村落

第八章 窑洞门窗的保护与传承

破败的窑洞

　　陕北特殊的地理环境和人文环境产生了独特的陕北窑洞文化以及生活方式，而这种文化和生活方式是建立在陕北传统的农业为主的社会经济模式上的。近十年来，陕北区域经济发展迅猛，经济结构发生了巨大的变化，工业经济迅速成为经济增长的领头羊，同时乡村经济完全处于市场经济体系笼罩下，乡村社会环境出现了巨大的变化，这对居民家庭结构、乡规民俗、匠作制度等都有影响。

　　人口和社会协调发展，是社会生存和发展的重要基础。在传统乡村，家庭农业经济发展对劳动力的需求使家庭生育观念倾向于多子多孙。陕北经济重心的改变，对生育观念上必然有所影响，但是有滞后性。但是就目前，大量劳动力进城务工，乡村人口减少，许多村落长期只有一些老人、妇女和小孩。人口减少，窑洞过剩，一些窑洞常年锁闭，慢慢破败、坍塌。

　　人口素质与人的居住观念会对建筑形态的选择标准有较大影响。年龄和文化程度不同，对传统和现代的建筑形态的喜好也不同。村民越年

| 215 |

留守在村里的陕北人

轻、文化程度越高，接受现代居住形态的倾向就越大。由于村落原有的经济方式以及生活方式被打破，以往基本一致的价值观也受到冲击，失去了权威性。年轻人越来越不喜欢空间和功能死板的旧窑洞，青睐于方便舒适的楼房。这将使匠作制度失去意义。匠作制度是建筑匠师们在长期实践中形成的营建规则，是工匠营建技艺和经验的结晶。乡村社会中匠作制度多以师徒传授的方式继承，匠作制度通过约定俗成的各种建造方式对现实作用。陕北土窑洞早已淡出历史，窑洞形式主要是平地石窑，而这种窑的建造就需要民间匠师组织，他们有着一套固定的模式。例如，人工开采石料，手工修整面料，筑土拱、砌石头拱，挖出土拱等。但是所有的这些工作都建立在农业生产经济模式下的，传统筑窑需要大量劳力，往往需要汇集全村劳力以保证按时完工。户主则采用换工（替别人劳动）的方式代替工费。这种方式是农业文明的重要表现形式，人们有共同的需求和目标，常常需要集体互助才能完成。陕北农业的衰落，或者说新的经济模式的兴起，打破了传统的社会协作方式和模式，如今无法组建这样的施工队伍了。如果按照现代的付费标准，修筑窑洞的成本将是建筑同样规格楼房成本的数倍。加上窑洞空间结构等使用功能上的弊端以及建造成本等原因，建造窑洞的需求大大减少，客观上阻碍了现代窑洞构筑方法产生的可能。

无论是生产方式还是生活方式，都将随着社会整体变迁而变化。容纳生活方式的聚落与建筑的空间格局、功能关系必定随之改变，以适应新的居住生活方式。现在陕北农村社会中，经济模式发生了变迁，城镇文明的建立，农民职业结构的多样化，使农民生活方式也发生急剧的变

改造后的窑洞内部环境

迁。这一切，都迫切地要求对陕北窑洞结构、空间格局、形态进行改变。如对家庭成员交流活动的关注和私密性的重视，窑洞内部开始划分出厅堂和其他独立房间；对卫生条件要求的提高，开始重视设置室内卫生间；燃气灶和自来水的使用，逐步淘汰了大型柴灶和水缸；新的采暖方式、床柜等的使用，使人们抛弃了土炕。传统窑洞的构成要件受到了现代城镇居住方式的挑战，而改造后的窑洞又不能完全迎合新生活方式的需要，它的形态与现代城市生活方式有着难以调和的矛盾。窑洞的空间形态、采光方式，再加上建造位置偏僻、公共服务缺乏等弊端，迫使追求高品质生活的农民不得不放弃窑洞，去追逐楼房这种形态的建筑。

  陕北旧村落大体是以血缘、地缘和业缘三种或者三者之间混合组成的群落形态存在的。由于其共同的农业生产经济模式，这些村落有着共同的文化规制，有着相对稳定的共同目标和持久的交往活动。然而，社会经济模式重心的偏移，使维护和适应农耕方式的文化规制的存在必要性受到了挑战。例如乡村农民不一定要设置柴灶神龛以备时令节日祭神，以盼农业丰收等。脱离农业生产，农民也有了摆脱农业文化以及依附其中的各种风俗的自由和勇气，因而也有了放弃和改变农耕文化规制所限定的居住形态和形式的可能。

  基础建设水平低下，严重影响农村居民的生活质量，阻碍社会整体的发展。陕北地貌千沟万壑，窑洞分布散乱，村落缺少科学规划和指导，无法实现系统的给排水工程以及电力、燃气等公共服务；交通不便、缺少公共服务设施，导致环境污染严重又难以治理等问题。农村窑洞居住模式解决这些问题存在诸多困难，甚至难以解决。

  陕北窑洞生态变化具有特殊性，对其保护恐怕是一个宏大的工程。保护窑洞门窗的困难之处是不能将其以保护文物或者其他珍贵物品的方式对待。数量庞大、质量参差不齐的门窗群体以及脆弱的结构和材料需要居住者的定时维护和照料才能使其保持完好状态。因而，让离弃窑洞

被遗弃的窑洞

的主人重新回归家园是最佳的,甚至是唯一的方式,但是这一方式却是难以实现的。

在那些依然还被居住着的窑洞中落实保护措施也是非常困难的,因为要求住户维持门窗原有的形制和样式是不合时宜的。由于种种原因,传统门窗不适应现代人的生活方式,其隔音、保温、采光等方面的不足以及形制和式样的落后让陕北人不得不舍弃它,寻找新的替代物。传统的窑洞窗户制作材料是木材,木料来自当地的柳树、杨树和松树等。陕北土地荒凉,树木稀少,制作窗户的木材非常少,农家常常是积攒几年才能备齐几架窗格格的木料。加之,木材的耐用性不够强,经过风雨的侵蚀和虫子的腐蚀,几年内就会变形、扭曲,有时候会发生卯榫结构脱开,梁楣起翘,甚至出现裂缝。而且木结构窗户不宜清洁,经雨水浸蚀后,变黑起霉斑。这和现代城市所用的工业生产材料相比较,现代楼房所用的铝合金门窗更实用,所以陕北窑洞的木制窗格格逐渐被铝合金门窗代替。

新式铝合金门窗

另外,由于麻纸采光、隔音以及保暖效果较差,所以居民用玻璃来代替麻纸。传统的窗格格和裱糊麻纸相匹配,居民放弃了麻纸也等于放弃了窗格格。在窗格格上装嵌玻璃,依然会存在采光问题,加之,木制窗格格易变形起翘,会造成玻璃与框子之间出现缝隙,甚至使玻璃受力不均而破碎,所以大多数居民取消了木框架而用金属框。这种更变,对窗格格形制的破坏是致命的,使传统窗格格的结构形式发生了巨大的变化,依附于其中的图案几乎是彻底消失。虽然少数玻璃式窗格格还保留一些图案,但是由于居民对玻璃窗户的采光需求,使得窗格格之间的距离变大,图案简单化。虽然还似传统窗格格,但是新式格子图案全无讲究了,格子之间距离的变动,完全破坏了窗格格的模数和规制,简单的图案组合,彻底离弃富含其中丰富的文化内涵和传统礼数。被改造的门窗,乡民们只是简单地模仿旧形式制造一些"格子"。这些格子已经无法展现传统门窗面貌了,横平竖直的条框丧失了原有门窗的模样和性格,其中的符号似是而非、苍白、平俗。

第八章 窑洞门窗的保护与传承

改造后的窗格格图案

门窗上的
陕北文化

　　随着社会变迁，制作窗格格的木匠也逐渐放弃职业，另找出路，木匠行业迅速衰败。随着年老师傅的去世，木匠数量迅速下降，技艺高超、章法纯熟的师傅已经不多，年轻人更是无处寻觅。更为重要的是门窗不再是陕北人"信仰"的载体。传统门窗形制和图案并非只是一个干瘪的传统文化的外壳和符号，而是一个包括生态环境、历史传承谱系、民众价值观念、生存方式等在内的有机文化整体。陕北传统文化生态体系对于门窗来说是非常重要的，就如话语中词语与情境的关系。语境的上下文对于词语的理解是不可缺少的，词语一旦脱离语境就成为虚拟的存在，没有任何意义。任一门窗符号，都是陕北人思想体系的元素——天地关系、伦理关系、生命诉求等思想的物化代表。它们是整个陕北社会文化

失去传统意义的窑洞门窗

之网上一个个节点,关系到每个陕北人的生命、生活目标和价值。然而社会的变迁让陕北人不再拥有这样的信仰,门窗自然也失去了神圣的地位。文化之网是门窗生存之土壤,如若文化之网消失,门窗也将失去根基,自会枯萎凋落,可谓皮之不存,毛将焉附。总而言之,传统窑洞门窗的存在是依附于所处的社会关系,而当今社会结构、经济模式、生活方式等全面的变化,使得窑洞及其门窗一并被遗弃,成为不可逆转的过程。从这一角度上讲,保护门窗恐怕是违背社会发展规律的,保护可能成为人们一厢情愿的事情。

由此可见,对原有陕北窑洞门窗的保护是十分困难的,但是我们可以另辟蹊径,保护和传承陕北窑洞门窗文化。对陕北窑洞门窗文化的保护是借助于他物来实现的。陕北地区社会经济发展快速,陕北人的生存环境发生了极大的变化,大量农村窑洞被遗弃,但是大量城镇住房需要建设。而新的生存环境同样需要装饰,同样需要满足人们的审美需求,这就为传承窑洞门窗文化提供了契机。人们的生活水平提高,人们对室内装饰的要求越来越高,越来越重视室内环境的文化性、精神性以及艺术性特质,加之现代陕北人对旧有生存环境的怀念,这为门窗艺术中这些有文化规制的图案和构件提供了新的生存沃土和机会。这些艺术元素在室内装饰中的应用将大大加强城市市民居住空间的文化艺术品质,彰显地域性的艺术和民俗,更能满足陕北人独特的审美需求,满足他们的身份认同和根源认同。可见,将传统窑洞门窗图案应用在当代建筑室内装饰是一种得当的选择,既可以传承传统窑洞门窗文化,又能为居民提供文化性居住空间。

要想传承门窗图案及纹样,寻找新的载体和需求点是必须的。这就要求为这些图案赋予新的功能,除了原有单调的观赏功能外,还应当根据现代室内设计的需求,演绎出新的功能,例如屏风隔断对空间的软性划分;局部采用传统图案装饰的新式家具;整扇门窗挂于墙壁作为装饰

画；等等。而作为门窗艺术本身，也不能再仅仅依附于传统的窑洞上，必须寻找新的载体，保证其生存土壤的丰富和广阔。而这一现象和趋势已经出现了，例如对地方博物馆、饭店、办公楼、商场等等的设计。如此，有价值的地域图符才能重新获得强大的生命力，存活于新时代之中。

　　门窗图案在现代室内设计中应用的目的，就是为了继承和发扬陕北优秀的传统文化。文化是一个民族生存的基本，也是维持地方特色的根本。门窗艺术是陕北文化的载体，是陕北文化的物化体。在此，我们对门窗图案进行研究、梳理、变革和创新，使其适应现代社会发展要求，继续成为陕北人们的精神寄托和依附，同时保证陕北地方风貌的独特性和民族文化的多样性得以延续和传承。

印象陕北——黄土地里的生活

  陕北地区的人民和文化始终与黄土紧密相连，厚重的黄土地养育了陕北人民，产生了黄土地特有的文化生态，孕育了无数凄美的民间艺术，形成了独特的文化遗存。质朴、雄浑、苍凉的自然形成了黄土地的"精神基质"，淳朴的民风和憨厚的性情以及古老、独特的民俗文化，形成了黄土地特殊的文化"意象"，并处处展现着自然与人文之美，现实与理想之美。

美丽的陕北窑洞

  黄土地是质朴的，历经风蚀、水冲，千沟万壑，像无数的枝丫和老树根，铺展在黄土地上，从山顶伸向沟底，绵延数里，目不能穷。黄土地是沉寂的、厚实的，浑浊的河流、灰白的石头、低矮的旱柳树以及那突兀兀的山梁，都静静地听着时间的流淌之声，日复一日，年复一年，没有一丝的波澜。黄土地是雄浑的，它的体魄让人更加感动。登高远望，在宏大的、没有遮挡的视野之内，只见山峦层层叠嶂、连绵不绝，无限地向穹宇伸展开来，不见边际。黄土地又是神奇的，充满了大自然的力量，深深地震撼着人的心。当我们站在高高的山顶上，骋目四望，无论聚焦于何方，眼前的景象都让我们胸中涌现出无限的激情与冲动。闭上眼睛，黄土地的世界会愈加清晰，无际的山峦、曲转的河流、零落的村庄，还有那穿着羊皮袄子的老头似乎时时刻刻都会跃然于眼前。在跳动的时间光影之中抽取出任何一个片段，都能呈现出一个完整的陕北印象。

美丽的黄土地

陕北各民族同胞错居杂处，形成了独特的陕北民俗文化。又因为陕北特殊的地貌环境限制，村落之间文化交流甚少，许多地方风俗保留着极为原始的状态，可谓"五里不同言、十里不同俗"。陕北的许多民俗活动和艺术产品呈现出古老的遗风，例如上头仪式、剪纸、石刻、纸扎等。由于陕北地区的地理区位和历史地位，陕北地区有着非常浓厚的游牧民族遗风。当地亦好祀鬼神，崇道敬神的习俗浓烈。鬼神观念渗透到陕北人的婚嫁丧葬、生子满月、节气庆典、祈雨祛病、秧歌、社火、观灯、唱戏等世俗生活中，也形成陕北人生死有命、富贵在天的宿命观，因而他们行为十分洒脱，性情超脱。

黄土地养育了在这片土地上生活的人，亦塑造了他们的性情。黄土地的人交流总是少之又少，生活按部就班，清苦而又平淡。这种生活磨出了陕北人木讷的神情，缓缓的语速，嘶哑的嗓门，见到陌生人，总是露出憨厚的笑容，却说不出几句寒暄的话语。情绪低落时，他们蹲在门

树荫掩映下的窑洞

乐观的陕北人

自在洒脱的陕北人

口低着脑门，默默地抽烟；兴致来时，他们又无所顾忌，对着山梁吼上几段信天游。黄土地的人又是豪迈和粗犷的，行为邋遢又不修边幅，吃饱穿暖就乐不可支，悠然自得，全然没有发财和追求体面生活的梦想。每有亲朋好友来，总是尽情招待，毫不吝啬，划拳猜谜、喝酒吃肉深夜不息；媳妇回娘家，蛋肉米面应有尽有，回去时大包小包，满载而归。邻里友好往来，物质上常常互通有无，劳作上互相帮助。有乞人来讨，富者多施米，穷着多予饭，绝不会让其空手而去，因而陕北乞人甚多，卖唱、说喜、耍猴者比比皆是。乞人也不自卑，谈笑自如，与常人无异。

陕北人的世俗生活

陕北人就是这样洒脱，对生活苦难具有天生的抗体，他们安于一方水土，生活艰辛却不怨天尤人，与人交往不计得失，做了错事也能坦坦荡荡，遭遇不幸也自甘认命，阵痛之后烦恼就烟消云散了。

黄土地上的节奏是缓慢的，生活是一日一日的重复，今日的生活在明日还会上演，人们却过得有滋有味。春日耕作，老农跟着黄牛在山梁上慢慢挪动，身后留下一道道起伏的田垄线，过了许久才听到一声浑厚的吆喝声回荡在山间。稍有走神，却发现老农早已躺在山坡上，拿着烟斗，吐出一缕缕青白色的烟雾，迷离着眼神望着远方，似乎想着秋收了。家中的老妇正在筹备晚餐，煮了菜、下了米，寻思着再添一把柴或许老头就回来了。当她在硷畔上搂起一捆柴火，瞭一瞭村口的时候，发现男人早已回来了，正在村口侃大山。男人们说得兴起，无所顾及，全然不管那头毛驴啃光了村口老树的皮以及家家户户窑洞脑畔上的袅袅炊烟发出的催归号令。在小孩三番五次的呼唤下，才慢腾腾地回来。夜幕降临，老农搁下那只老碗，用手抹了抹嘴，又开始装他的老烟斗，屋里慢慢地开始烟雾缭绕了，除了几声咳嗽，老头一言不发，寻思着明天的生计。老妇将一切家务收拾停当，坐在炕沿上缝补着破了洞的老皮袄，一边询问着今天的见闻，一边抱怨着呛人的旱烟味。渐渐地，大山睡了，山村寂静的就像熟睡的孩子，死沉死沉的。煤油灯被一盏盏地吹灭了，窗户上展演的一幕幕大剧都落幕了。

陕北人的生活是朴实的、默默无闻的，就如黄土地一般。黄土地和黄土地里的人民生活从来都是连在一起的，黄土地的性格与人们的性格早已交融在一起了。黄土地是黄土文化的根基，黄土文化是黄土地精神的载体。黄土地的雄浑和黄土文化的雄浑，黄土地的厚重和黄土地人民精神的厚重，黄土地的苍凉和黄土地人民命运的苍凉，共同塑造出黄土地和人民的"形象"范式，成为黄土文化内涵所表达的艺术境界。

陕北的现实生活给予了陕北人特殊的品格，对陕北人的性情也产生

静谧的村庄

了特殊的积极意义。艺术家在他们身上发现了可以提升和发扬的元素，并通过艺术的手法将其再造和重塑，形成典型，打造出陕北的"范式"。陕北人的坚强、朴素、善良、乐观，陕北人生活的淳朴、简单，为艺术家赞扬劳动人民和宣扬主流价值观提供灵感源泉和精神动力。它所形成的"意象"冲破了陕北困苦的现实，打破肉灵之界，超越主客二分，形成了动人的陕北审美意象，并被赋予了十分丰富的精神内涵。用文字对

陕北的任何山、水、人、物进行描绘，远不如艺术形象表现得更清楚、更充分、更深远。人们只有拥有陕北黄土地的生活和人生体验，只有精神超越了肉身的有限性，"灵魂"得到自由和解放，才能进入陕北的精神家园，领略到陕北的"意象"艺术之美。进入陕北的黄土地和陕北人的生活，就会受到这里的"真景物、真感情"感染，就会不由自主地融入其中，情不自禁地爱上这里的一切，就会忘记自己的客人身份，继而忘记了自己，眼里和心里只留下这一片黄土地和这里的生活。

参考文献

[1] 吕品田. 中国民间美术观念 [M]. 长沙：湖南美术出版社，2007.

[2] 杨先让，杨阳. 民间黄河——黄河流域民间艺术田野考察报告 [M]. 北京：新星出版社，2007.

[3] 袁占钊. 陕北文化概览 [M]. 西安：陕西人民出版社，1994.

[4] 郭庆丰. 黄河流域民间艺术考察手记 [M]. 上海：上海三联书店，2006.

[5] 王瑛. 建筑趋同与多元的文化分析 [M]. 北京：中国建筑工业出版社，2004.

[6] 孙大章. 中国民居研究 [M]. 北京：中国建筑工业出版社，2004.

[7] 潘鲁生. 民艺调查 [M]. 山东：山东美术出版社，2005.

[8] 陈志华. 漫谈建筑社会学 [M]. 天津：天津科学技术出版社，1989.

[9] 郭冰庐. 窑洞风俗文化 [M]. 西安：西安地图出版社，2004.

[10] 郭庆丰. 窗户上的符咒 [M]. 西安：陕西人民美术出版社，2012.

[11] 钟福民. 中国吉祥图案的象征研究 [M]. 北京：中国社会科学出版社，2009.

[12] 靳之林. 抓髻娃娃与人类群体的原始观念 [M]. 桂林：广西师范大学出版社，2001.

[13] 郭庆丰. 图符记 [M]. 北京：中国人民大学出版社，2009.

[14] 张泊. 本色榆林：沉睡在窑洞里的文明 [M]. 桂林：广西师范大学出版社，2003.

[15] 黄汉民. 门窗艺术 [M]. 北京：中国建筑工业出版社，2013.

[16] 杨雨佳. 陕北剪纸 [M]. 西安：陕西人民美术出版社，2014.

[17] 朱狄. 原始文化研究对审美发生问题的思考 [M]. 北京：三联书店出版社，1988.

[18] 陈炎. 中国审美文化史 [M]. 济南：山东画报出版社，2007.

[19] 王其钧. 中国民居三十讲 [M]. 北京：中国建筑工业出版社，2005.

[20] 李晓峰. 乡土建筑——跨学科研究理论与方法 [M]. 北京：中国建筑工业出版社，2005.

[21] 中央美术学院编著. 中国美术简史 [M]. 北京：中国青年出版社，2002.

[22] 王宁宇. 中国西部民间艺术论 [M]. 西宁：青海人民出版社，1992.

[23] 吕静. 陕北文化研究 [M]. 上海：学林出版社，2004.

[24] 王平. 中国民间美术通论 [M]. 合肥：中国科学技术出版社，2007.

[25] 李芝岗. 中华石狮雕刻艺术 [M]. 天津：百花文艺出版社，2003.

[25] 楼庆西. 户牖之艺 [M]. 北京：清华大学出版社，2011.

[26] 刘枫. 门当户对：中国建筑·门窗 [M]. 沈阳：辽宁人民出版社，2006.